Weihe an die allerheiligste Dreifaltigkeit durch das unbefleckte Herz Mariens

WEIHETAGE

8. Dezember Mariä Empfängnis (ab 5. November)

25. März Mariä Verkündigung (ab 20. Februar)

15. August Mariä Himmelfahrt (ab 13. Juli)

Zitate aus Briefen über diese Weihe:

Congregatione per la dottrina della fede.
„Für das Weihebuch Segenswünsche von Herrn Kardinal Müller durch Msgr. Dr. Slawomir Sledziewski"

„Texte mit weitgehend marianischem Charakter, die für die Betrachtung hilfreich sind."

Apostolischer Nuntius - Seine Excellenz H. H. Jean-Claude Perisset

„Dieses geistliche Werk werde ich mit großer Wertschätzung und innerer Anteilnahme aufnehmen."

Bischof em. von Augsburg - Seine Excellenz H. H. Dr. Walter Mixa
Päpstlicher Rat im Dikasterium für die Pastoral im Krankendienst

---

Impressum:

unterzeichnet von Bischof Dr. Walter Mixa, Augsburg
durchgesehen von Msgr. Dr. Gläser, Wigratzbad
TITEL: Silberne Madonna Zdravko Buljan, A-8051Graz

Tel. 0049/151/55376482, Postfach 1118 · D-84495 Altötting

MARIA, KÖNIGIN DES FRIEDENS

Botschaft vom 25.10.88

Mein Ruf, dass ihr die Botschaft lebt,
die ich euch gebe, ergeht täglich,
besonders weil ich euch, meine lieben Kinder,
näher zum Herzen Jesu führen möchte.
Deshalb, meine lieben Kinder, rufe ich euch heute
zur Weihe an meinen lieben Sohn auf,
damit jedes eurer Herzen ihm gehöre.
Und dann rufe ich euch zur Weihe
an mein Unbeflecktes Herz auf.
Ich wünsche, dass ihr euch persönlich,
als Familie und als Pfarrei mir weiht,
damit alles durch meine Hände Gott gehöre.
Liebe Kinder, betet, damit ihr die Größe dieser Botschaft,
die ich euch gebe, versteht.
Ich wünsche nichts für mich,
sondern alles für die Rettung eurer Seelen.
Satan ist stark, deshalb, meine lieben Kinder,
bindet euch durch beharrliches Gebet
an mein mütterliches Herz.

Danke, dass ihr meinem Ruf gefolgt seid!

MEDJUGORJE

MORGENRÖTE

Jesus spricht:

Das Herz der Mutter Gottes versinkt
in das Herz der Dreifaltigkeit.
In deren Herz ist jetzt die Mutter Gottes
als Königin mit goldener Krone.
Auf einem goldenen Thron, mit goldenem Gewand und Mantel.
Mit einem goldenen Zepter in ihrer rechten Hand.
In ihrer linken Hand hat sie goldene Rosen,
die sie am Tag der Weihe in die Herzen
der gläubigen Menschen fallen läßt.
Auch in jene Herzen, die wir ihr stellvertretend weihen.

Das Herz Jesu ist weit geöffnet.
Es ist durchdrungen von flammender Liebe.
Sie durchdringen sein Herz in einer Tiefe, die kein Ende nimmt.
Das Rauschen eines Meeres ist zu hören.
Jetzt sieht man klares Wasser in einem großen Meer.
Es teilt sich. Immer mehr, immer tiefer.
Die Barmherzigkeit Gottes - findet kein Ende!

Jesus zeigt:

Am Tage der Weihe fallen goldene Perlen
und flammende, rote Blutstropfen aus Seinem Herzen
in die Herzen der Menschen,
die sich der Mutter Gottes weihen.

DER TEMPEL MARIENS

DIE MARIENWEIHE ALS HEILIGER BUND

Totale Weihe an Maria bedeutet, uns selbst ihr zu geben, damit sie uns zur ewigen Glückseligkeit führen kann und sie aufgrund der Opfer aus unserem eigenen Leben Gnaden über die Seelen bringen kann.
Totale Weihe bedeutet immer das Durchlaufen eines Prozesses umfassender Reinigung; denn die Königin der Reinheit kann sich nicht in einem Tempel, der Verunreinigungen enthält, vollkommen zu Hause fühlen. Unser eigenes Verlangen, vollkommen gereinigt zu werden, ist unsere größte Verehrung an Sie.
Gott hat die allerheiligste Jungfrau Maria als Siegerin über Satan vorgesehen. Ihr ist alle Macht gegeben, den Teufel an die Kette zu legen. Sie ist die Auserkorene, die Jesus Christus, das Licht der Welt, den Menschen geben sollte, um die Wurzeln des Reiches Christi auf Erden zu legen. Maria wurde als einziger Mensch unbefleckt empfangen, was bedeutet, dass ihre Seele nicht die Erbsünde in sich trägt. Aus ihr sollte Jesus Christus, Gottes Sohn, geboren werden, um die Menschheit durch sein Leiden und durch seinen Kreuzestod von der ewigen Verdammnis als Folge der Erbsünde zu erlösen. Die heilige Jungfrau hat die Macht erhalten, das Erlösungswerk Jesu Christi in der Welt zu vollenden und Satan endgültig aus der Welt zu verbannen, aber sie darf dies nur in dem Maße tun, indem die Menschen sie durch ihr inbrünstiges Gebet und durch die Opfergabe ihres ganzen Lebens darum bitten.
So bieten sich auf der ganzen Welt, auf allen Lebenswegen aller Menschen, jeden Tag viele Milliarden Gelegenheiten an, die Weihe zu verrichten und dadurch die totale Sündenschuld der ganzen Menschheit gegenüber der Göttlichen Gerechtigkeit abzubezahlen. Doch dies geschieht nur in einem bestürzend geringen Maß.
Unser eigenes Glück und das der ganzen Welt liegt also in Marias Händen.

Myriam van Nazareth

Weihe an die allerheiligste Dreifaltigkeit durch das unbefleckte Herz Mariens

INHALTSVERZEICHNIS

Weihe an die allerheiligste Dreifaltigkeit durch das unbefleckte Herz Mariens

1. Woche 1.Tag GOTT VATER

Schöpfer des Himmels und der Erde

KOMM, O GEIST DER HEILIGKEIT!
Aus des Himmels Herrlichkeit sende Deines Lichtes Strahl!
Vater aller Armen Du, aller Herzen Licht und Ruh`,
komm mit Deiner Gaben Zahl!
Tröster in Verlassenheit, Labsal voll der Lieblichkeit,
komm, Du süßer Seelenfreund!
In Ermüdung schenke Ruh`, in der Glut hauch Kühlung zu,
tröste den, der trostlos weint.
O Du Licht der Seligkeit, mach Dir unser Herz bereit,
dring in unsre Seelen ein!
Ohne Dein lebendig Wehn
nichts im Menschen kann bestehn,
nichts ohn Fehl und Makel sein.
Wasche, was beflecket ist, heile, was verwundet ist,
tränke, was da dürre steht.
Beuge, was verhärtet ist, wärme, was erkaltet ist,
lenke, was da irre geht.
Heilger Geist, wir bitten Dich,
gib uns allen gnädiglich, Deiner Gaben Siebenzahl.
Spende uns der Tugend Lohn,
laß uns stehn an Deinem Thron,
uns erfreun im Himmelssaal.
Amen

(Pfingstsequenz)

Wir beten den freudenreichen Rosenkranz
in den Anliegen der Muttergottes,
besonders zum Schutz der ungeborenen Kinder

DIE ERSCHAFFUNG DER WELT

Im Anfang schuf Gott Himmel und Erde; die Erde aber war wüst und wirr, Finsternis lag über der Urflut, und Gottes Geist schwebte über dem Wasser. Gott sprach: Es werde Licht. Und es wurde Licht. Gott sah, dass das Licht gut war. Gott schied das Licht von der Finsternis; und Gott nannte das Licht Tag, und die Finsternis nannte er Nacht. Es wurde Abend und es wurde Morgen: erster Tag. Gen.1,1-5

JOHANNESEVANGELIUM

Im Anfang war das Wort, und das Wort war bei Gott, und Gott war das Wort. Im Anfang war es bei Gott. Alles ist durch das Wort geworden, und ohne das Wort wurde nichts, was geworden ist. In ihm war das Leben und das Leben war das Licht der Menschen. Und das Licht leuchtet in der Finsternis, und die Finsternis hat es nicht erfasst.

Das wahre Licht, das jeden Menschen erleuchtet kam in die Welt. Er war in der Welt und die Welt ist durch ihn geworden, aber die Welt erkannte ihn nicht. Er kam in sein Eigentum, aber die Seinen nahmen ihn nicht auf. Allen aber, die ihn aufnahmen, gab er Macht, Kinder Gottes zu werden, allen, die an seinen Namen glauben, die nicht aus dem Blut, nicht aus dem Willen des Fleisches, nicht aus dem Willen des Mannes, sondern aus Gott geboren sind.

Und das Wort ist Fleisch geworden und hat unter uns gewohnt, und wir haben seine Herrlichkeit gesehen, die Herrlichkeit des einzigen Sohnes vom Vater, voll Gnade und Wahrheit. Aus seiner Fülle haben wir alle empfangen, Gnade über Gnade. Niemand hat Gott je gesehen. Der einzige, der Gott ist, und am Herzen des Vaters ruht, er hat Kunde gebracht.

Joh.1,1-5, 9-14,16,18

SPRÜCHE 8

Der Herr hat mich geschaffen im Anfang seiner Wege,
vor seinen Werken in der Urzeit;
In frühester Zeit wurde ich gebildet, am Anfang,
beim Ursprung der Erde.
Als die Urmeere noch nicht waren, wurde ich geboren,
als es die Quellen noch nicht gab, die wasserreichen.
Ehe die Berge eingesenkt wurden,
vor den Hügeln wurde ich geboren.
Noch hatte er die Erde nicht gemacht,
und die Fluren und alle Schollen des Festlands.
Als er den Himmel baute, war ich dabei,
als er den Erdkreis abmaß über den Wassern,
als er droben die Wolken befestigte
und Quellen strömen ließ aus dem Urmeer,
als er dem Meer eine Satzung gab
und die Wasser nicht seinen Befehl übertreten durften,
als er die Fundamente der Erde abmaß,
da war ich als geliebtes Kind bei ihm.
Ich war seine Freude Tag für Tag
und spielte vor Ihm allezeit.
Ich spielte auf seinem Erdenrund,
und meine Freude war es, bei den Menschen zu sein.

DER SOHN GOTTES
ZUR HL. BIRGITTA VON SCHWEDEN

„Ich bin der Schöpfer des Himmels und der Erde und bin mit dem Vater und dem Heiligen Geist der eine wahre Gott. Weil Gott Vater, Gott Sohn und der Heilige Geist dem Wesen nach eins sind, sind sie nicht drei Götter, sondern drei Personen in dem einen Gott. Nun aber könntest Du fragen: Wenn drei Personen, warum dann nicht drei Götter? Ich antworte darauf: Weil kein anderer Gott ist als nur die ewige Macht, Weisheit und Güte, die gedacht werden können. Deshalb ist Gott dreipersönlich und doch ein einziger, dreifaltig in den Personen, einer im Wesen. Denn die Macht und Weisheit ist der Vater, von dem alles ist und der vor allem ist und der aus keinem anderen Grund mächtig ist als nur aus sich selbst und dies von Ewigkeit her. Die Macht und Weisheit ist auch der Sohn, der dem Vater wesensgleich ist, aber nicht aus sich selbst ist, sondern durch Zeugung des Vaters. Der Sohn ist gleichsam der Ursprung aus dem ursprungslosen Ursprung, der der Vater ist. Er ist dabei vom Vater verschieden, aber niemals von ihm geschieden. Die Macht und Weisheit ist auch der Heilige Geist, der vom Vater und vom Sohn ausgeht, genau so wie der Vater und der Sohn ewig ist und Ihnen gleich ist an Macht und Herrlichkeit.

GEBET

O Gott! In Deiner Vorausschau
hast Du alle Deine Kunstwerke vorausgesehen,
ganz so, wie Du sie haben wolltest.
Deshalb liegt Deine Vorausschau im Zentrum Deiner Macht.
Du umschließt das All ganz so wie ein Rad,
das keinen Anfang kennt und sich keinem Ende beugt.
Wenn wir unglückseligen Menschen,
beschämt von Geschlecht zu Geschlecht,
zu Fall kommen auf dem Pilgerweg,

rufst Du uns mit prophetischer Stimme
und richtest uns auf vom schlimmen Sturz.
Lob sei Dir, o Maria! Amen

Hl.Hildegard von Bingen

GNADEN, DIE MARIA DEM HAUSE DES ZACHARIAS VERMITTELTE (1)

Maria bewirkte in vielen Seelen wunderbare Bekehrungen, doch immer in der Stille und geheim. Ihr Umgang und ihre Unterredungen heiligte alle im Hause des Zacharias und der Elisabeth. Den schon Gerechten half sie zur Besserung und zum Fortschritt durch neue Gnaden und Gaben; die noch nicht Gerechten erleuchtete sie und bekehrte sie durch ihre Fürbitte. Sie flößte eine ehrfurchtsvolle Liebe ein, die ihr aller Herzen gewann, und zwar mit solcher Gewalt, dass jeder ihr um die Wette gehorchte und sie als Mutter, Zuflucht und Trost in allen Nöten betrachtete. Um das zu bewirken, genügte ihr Anblick nebst wenigen Worten. Da sie jedem ins Herz schaute und seinen Gewissenszustand kannte, wendete sie die für jeden passenden Heilmittel an. Manchmal, aber nicht immer, offenbarte ihr der Herr, ob jene, die sie sah, aus der Zahl der Auserwählten oder der Verworfenen seien. Das eine wie das andere regte ihr Herz zur Übung vollkommenster Tugenden an. Sah sie Gerechte und Auserwählte, schenkte sie ihnen reichlichen Segen, - was sie jetzt auch vom Himmel aus tut, - und der Herr wünschte ihr hierzu Glück. Sie bat Ihn auch, die Gerechten in seiner Gnade und Freundschaft zu bewahren. Für sie verrichtete sie die eifrigsten Gebete. Erblickte sie Sünder, so flehte sie mit innigster Teilnahme um ihre Rechtfertigung, die sie gewöhnlich erhielt. Handelte es sich jedoch um einen Verworfenen, so weinte sie bitterlich und verdemütigte sich vor dem Allerhöchsten wegen des Verlustes dieser Seele, die ein Ebenbild Gottes und ein Werk seiner Hände war. Sie verrichtete inständige Gebete, Aufopferungen und Verdemütigungen, um zu erflehen, dass nicht noch andere verloren gingen. So war sie ganz und gar eine Flamme der göttlichen Liebe, die nie rastete noch aufhörte, Großes zu wirken. Maria von Agreda

WEIHEGEBET

Maria, die du im Gedanken des Vaters lebst,
Maria, du innig mit den Plänen des Vaters Vertraute,
erinnere mich in der Umhüllung
durch deine mütterliche Gegenwart,
dass ich mit Weisheit und aus Liebe geschaffen bin,
damit ich voll Dankbarkeit
über einen so unendlich gütigen Vater sprechen kann:
„Ich sage Dir Dank, Herr, für das Wunder, das ich bin."
Komm, Vater des Lichtes, gib mir deine Weisheit,
jenen Geschmack an der Wahrheit, jene dienende Liebe,
die den Willen, ohne zu zwingen, drängt,
diese so fruchtbare Gnade, die mich so sehr lockt,
diesen tiefen, heiligen Frieden und diese allmächtige Hilfe.
Meinen eigenen Willen, der zum Bösen neigt,
willst du nicht bedrängen;
Darum habe ich von meiner Freiheit alles zu fürchten.
Nur zu oft widerstand ich dem Locken deiner Gnade;
Ich ergebe mich,
nimm Platz in mir mit deiner ganzen Macht. Amen

Maria, Königin des Friedens,
bitte für uns und die ganze Welt! (3mal)

1.Woche 2.Tag

HIMMEL

PFINGSTHYMNUS

Komm herab, o Heilger Geist,
der die finstre Nacht zerreißt, strahle Licht in diese Welt.
Komm, der alle Armen liebt, komm der gute Gaben gibt,
komm der jedes Herz erhellt.
Höchster Tröster in der Zeit, Gast der Herz und Sinn erfreut,
köstlich Labsal in der Not, in der Unrast schenkst Du Ruh,
hauchst in Hitze Kühlung zu,
spendest Trost in Leid und Tod.
Komm, o Du glückselig Licht, fülle Herz und Angesicht,
dring bis auf der Seele Grund.
Ohne Dein lebendig Wehn
kann im Menschen nichts bestehn,
kann nichts heil sein noch gesund.
Was befleckt ist, wasche rein, Dürrem gieße Leben ein,
heile Du, wo Krankheit quält.
Wärme du, was kalt und hart, löse, was in sich erstarrt,
lenke, was den Weg verfehlt.
Gib dem Volk, das Dir vertraut, das auf deine Hilfe baut,
deine Gaben zum Geleit.
Laß es in der Zeit bestehn, deines Heils Vollendung sehn
und der Freuden Ewigkeit.
Amen. Halleluja

Stephan Langton, um 1200

Wir beten den glorreichen Rosenkranz
in den Anliegen der Muttergottes,
besonders zum Schutz der ungeborenen Kinder

DIE HULDIGUNG VOR DEM THRON GOTTES

Danach sah ich: Eine Tür war geöffnet am Himmel; und die Stimme, die vorher zu mir gesprochen hatte und die wie eine Posaune klang sagte: Komm herauf, und ich werde dir zeigen, was dann geschehen muß. Sogleich wurde ich vom Geist ergriffen. Und ich sah: Ein Thron stand im Himmel; auf dem Thron saß einer, der wie ein Jaspis und ein Karneol aussah. Und über dem Thron wölbte sich ein Regenbogen, der wie ein Smaragd aussah.

Und rings um den Thron standen vierundzwanzig Throne, und auf den Thronen saßen vierundzwanzig Älteste in weißen Gewändern und mit goldenen Kränzen auf dem Haupt. Von dem Thron gingen Blitze, Stimmen und Donner aus. Und sieben lodernde Fackeln brannten vor dem Thron; das sind die sieben Geister Gottes. Und vor dem Thron war etwas wie ein gläsernes Meer, gleich Kristall. Und in der Mitte, rings um den Thron, waren vier Lebewesen voller Augen, vorn und hinten.

Das erste Lebewesen glich einem Löwen, das zweite einem Stier, das dritte sah aus wie ein Mensch, das vierte glich einem fliegenden Adler.

Und jedes der vier Lebewesen hatte sechs Flügel, außen und innen voller Augen. Sie ruhen nicht, bei Tag und Nacht, und rufen:

Heilig, heilig, heilig ist der Herr, der Gott, der Herrscher über die ganze Schöpfung, er war, und er ist, und er kommt. Und wenn die Lebewesen dem, der auf dem Thron sitzt und in alle Ewigkeit lebt, Herrlichkeit und Ehre und Dank erweisen, dann werfen sich die vierundzwanzig Ältesten vor dem, der auf dem

Thron sitzt, nieder und beten ihn an, der in alle Ewigkeit lebt. Und sie legen ihre goldenen Kränze vor seinem Thron nieder und sprechen:
Würdig bist Du, unser Herr und Gott, Herrlichkeit zu empfangen und Ehre und Macht. Denn Du bist es, der die Welt erschaffen hat, durch Deinen Willen war sie und wurde sie erschaffen.

Offenbarung 4, 1-11

DIE BERUFUNG DES PROPHETEN

Im Todesjahr des Königs Usija sah ich den Herrn. Er saß auf einem hohen und erhabenen Thron. Der Saum seines Gewandes füllte den Tempel aus. Serafim standen über ihm. Jeder hatte sechs Flügel: Mit zwei Flügeln bedeckten sie ihr Gesicht, mit zwei bedeckten sie ihre Füße, und mit zwei flogen sie. Sie riefen einander zu:
Heilig, heilig, heilig ist der Herr der Heere. Von seiner Herrlichkeit ist die ganze Erde erfüllt. Die Türschwellen bebten bei ihrem lauten Ruf, und der Tempel füllte sich mit Rauch.
Da sagte ich: Weh mir, ich bin verloren. Denn ich bin ein Mann mit unreinen Lippen, und meine Augen haben den König, den Herrn der Heere, gesehen. Da flog einer der Serafim zu mir; er trug in seiner Hand eine glühende Kohle, die er mit einer Zange vom Altar genommen hatte. Er berührte damit meinen Mund und sagte:
Das hier hat deine Lippen berührt: Deine Schuld ist getilgt, deine Sünde gesühnt. Danach hörte ich die Stimme des Herrn, der sagte: wen soll ich senden? Wer wird für uns gehen? Ich antwortete: Hier bin ich, sende mich!

Jesaja 6, 1-8

HEILUNGSGEBET

Gepriesen sei Dein Name,
Du, der Du auf mein Gebet hörst!
Gepriesen seist Du, mein Herr!
Gepriesen sei Dein Wohlwollen,
das uns Deinem Herzen nahe bringt,
um uns zu retten und uns zu befreien.
Gott, Du bist unser Heil, unser Reichtum,
unser Augenlicht und unser Leben;
Du, der täglich unsere Seele entzückt
und unser Herz mit seiner Gegenwart erfreut.
Erlaube uns, Deine Gegenwart auszunutzen.
Wir erbitten von Dir, Jesus Christus,
in Deinem Namen und durch die Fürsprache
des unbefleckten Herzens Mariens,
aller Engel und Heiligen, den Frieden, Redlichkeit,
Liebe und einen Geist der Verzeihung.
Wir bitten Dich, Jesus Christus,
in Deinem Namen, uns zu heilen
von unsern Missetaten und Gebrechen.
Heile uns, Herr, durch die Macht Deines Heiligen Geistes,
heile unsern Geist und reiß alles aus, was schlecht ist.
Frische uns auf, o Heiliger Geist, und belebe uns,
indem Du uns erneuerst.
Jesus Christus, wir bitten Dich, in Deinem Namen,
dass Du uns heilest von jeder Krankheit des Geistes,
der Seele oder des Leibes
und von allem, was unser Herz verwirrt.
Jede Faser unseres Lebens
soll mit Liebe Deinen Ruhm verkünden.
Erhöre unser Gebet, allgütiger Herr. Amen

DIE ERSCHAFFUNG DER WELT
DIE PRÜFUNG DER ENGEL

Die Engel wurden im empyreischen (Licht-)Himmel erschaffen, und zwar im Stande der Gnade. Mit dieser sollten sie sich die Herrlichkeit als Lohn verdienen. Obwohl sie sich am Ort der Gnade befanden, schauten sie doch die Gottheit noch nicht von Angesicht zu Angesicht, bis sie es mit der Gnade durch Gehorsam gegen den göttlichen Willen verdient hätten. Die guten wie auch die abtrünnigen Engel blieben nur kurze Zeit im Zustand der Prüfung, denn die Erschaffung, Prüfung und Entscheidung erfolgten in drei ganz kurzen Zeitabschnitten. Im ersten Zeitraum wurden alle Engel erschaffen und mit Gnaden und den Gaben des Heiligen Geistes ausgerüstet, so dass sie überaus schön und vollkommen waren.

Dann folgte eine kurze Weile, in der allen der Wille des Schöpfers kundgetan wurde. Sie empfingen das Gesetz und den Auftrag, ihren Schöpfer als den höchsten Herrn anzuerkennen und so den Zweck ihres Daseins zu erfüllen. In dieser kurzen Zeit entbrannte zwischen dem Heiligen Michael und seinen Engeln jener große Streit wider den Drachen und seinen Anhang, den der heilige Johannes im 12.Kapitel der Geheimen Offenbarung berichtet. Die guten Engel verdienten durch Beharrlichkeit in der Gnade die ewige Seligkeit, die ungehorsamen hingegen verfielen durch ihre Auflehnung gegen Gott der ewigen Pein.

Maria von Agreda

WEIHEGEBET

Heilige Maria, Mutter Gottes,
Dir schenke ich mein ganzes Sein, meine Vergangenheit,
meine Gegenwart und meine Zukunft,
Dir übergebe ich jeden Augenblick meines Lebens.
Sei Du meine Mutter,
meine Seelenführerin, meine Beschützerin.
Dir übergebe ich den Augenblick meiner Zeugung,
mögest Du ihn heiligen,
mögest Du alles, was in mich hineingelegt ist, heiligen,
möge durch Deine Fürsprache sich in mir entfalten,
was der ewige Vater für mich
in seinem ewigen Heilsplan vorgesehen hat.
Maria, Königin der Engel,
befreie mich von allem Bösen in mir und um mich,
von allem, was mich hindert,
Gott mit ganzem Herzen zu lieben.
Mögest Du mich in Dein reines,
makelloses Herz hineinnehmen,
mich und alle, die mir lieb und teuer sind,
auch alle, die mir feindlich gesonnen sind.
Mögen wir aus Dir neu geboren werden zum ewigen Heil.
Amen

Maria, Königin des Friedens,
bitte für uns und die ganze Welt! (3mal)

1.Woche 3.Tag

MARIA, KÖNIGIN DER SCHÖPFUNG

Komm, Heiliger Geist, komm Liebesfeuer!
Komm, Vater der Armen, verliebt in meine Wunden!
Komm, Heiliger Geist, in unsere Herzen
und sende vom Himmel einen Strahl Deines Lichtes.
Komm in uns, Vater der Armen,
komm, Spender aller Gaben,
komm, Licht unserer Herzen. Amen

Wir beten den glorreichen Rosenkranz
in den Anliegen der Mutter Gottes,
besonders zum Schutz der ungeborenen Kinder.

JOHANNESOFFENBARUNG

Dann erschien ein großes Zeichen am Himmel: eine Frau, mit der Sonne bekleidet; der Mond war unter ihren Füßen und ein Kranz von zwölf Sternen auf ihrem Haupt. Sie war schwanger und schrie vor Schmerz in ihren Geburtswehen.
Ein anderes Zeichen erschien am Himmel: ein Drache, groß und feuerrot, mit sieben Köpfen und zehn Hörnern und mit sieben Diademen auf seinen Köpfen. Sein Schwanz fegte ein Drittel der Sterne vom Himmel und fegte sie auf die Erde herab. Der Drache stand vor der Frau, die gebären sollte; er wollte ihr Kind verschlingen, sobald es geboren war. Und sie gebar ein Kind, einen Sohn, der über alle Völker mit eisernem Zepter herrschen wird. Und ihr Kind wurde zu Gott und zu seinem Thron entrückt.

Offenb.12,1-11

GEBET DER ESTER

Herr, unser König, Du bist der einzige. Hilf mir! Denn ich bin allein und habe keinen Helfer außer Dir; die Gefahr steht greifbar vor mir. Von Kindheit an habe ich in meiner Familie und von meinem Stamm gehört, dass Du, Herr, Israel aus allen Völkern erwählt hast. Du hast Dir unsere Väter aus allen ihren Vorfahren als Deinen ewigen Erbbesitz ausgesucht und hast an Ihnen gehandelt, wie Du es versprochen hattest. Wir aber haben uns gegen Dich verfehlt und Du hast uns unseren Feinden ausgeliefert, weil wir ihre Götter verehrt haben. Du bist gerecht, Herr. Jetzt aber ist es unseren Feinden nicht mehr genug, uns grausam zu unterjochen, sondern sie haben ihren Götzen geschworen, Dein Versprechen zu vereiteln, Deinen Erbbesitz zu vernichten, den Mund derer, die Dich loben, verstummen zu lassen und das Licht Deines Tempels und das Feuer auf Deinem Altar auszulöschen. Überlaß Dein Zepter, Herr, nicht den nichtigen Götzen! Denk an uns, Herr! Offenbare Dich in der Zeit unserer Not, und gib mir Mut, König der Götter und Herrscher über alle Mächte! Leg mir in Gegenwart des Löwen die passenden Worte in den Mund und stimm sein Herz um. Uns aber rette mit Deiner Hand! Hilf mir, denn ich bin allein und habe niemand außer Dir, o Herr! Du kennst alles. Du weißt, dass ich das Zeichen meiner Würde verabscheue und es an den Tagen meines öffentlichen Auftretens nur unter Zwang auf meinem Kopf trage. Gott, Du hast Macht über alle: Erhöre das Flehen der Verzweifelten, und befrei uns aus der Hand der Bösen! Befrei mich von meinen Ängsten! Ester 4, 17l-o,q,r

MARIA, KÖNIGIN ALLER GESCHÖPFE

Gottes Allmacht verlieh Maria jene Fähigkeiten, Eigenschaften und Erleuchtungen, die sie auf eine abstrakte Vision der Gottheit vorbereiteten. Sie erkannte, wann und wie Gott die Gewässer voneinander schied und in der Mitte das Firmament bildete. Sie durchschaute die Größe, die Ordnung, die Beschaffenheit, die Bewegung und alle Verhältnisse des Himmels.

Diese Erkenntnis war in Maria sogleich tätig und fruchtbar. Sie empfing sie beinahe unmittelbar aus dem klarsten Lichte der Gottheit. Darum wurde sie ganz entzündet und entflammt von Bewunderung, Lobpreis und Liebe der göttlichen Macht und Güte. Ganz umgestaltet in Gott, erweckte sie heldenmütige Akte aller Tugenden zum höchsten und vollkommensten Wohlgefallen der göttlichen Majestät. Wie der Herr am ersten Tage der seligsten Jungfrau die Teilnahme an seiner göttlichen Weisheit verlieh, so am zweiten Tage eine gewisse Teilnahme an seiner Allmacht: Er gab ihr Gewalt über die Einflüsse des Himmels, der Planeten und Elemente und gebot allen, ihr zu gehorchen. So erhielt diese große Königin die Herrschaft über das Meer, die Erde, die Elemente, die Himmelskreise und über alle Geschöpfe, die sich darin befinden.

Maria von Agreda

PSALM 19
LOB DER SCHÖPFUNG

Die Himmel rühmen die Herrlichkeit Gottes,
vom Werk seiner Hände kündet das Firmament.
Ein Tag sagt es dem andern,
eine Nacht tut es der andern kund,
ohne Worte und ohne Reden, unhörbar bleibt ihre Stimme.
Doch ihre Botschaft geht in die ganze Welt hinaus,
ihre Kunde bis zu den Enden der Erde.
Dort hat er der Sonne ein Zelt gebaut.

Sie tritt aus ihrem Gemach hervor wie ein Bräutigam,
sie frohlockt wie ein Held und läuft ihre Bahn.
Am einen Ende des Himmels geht sie auf
und läuft bis ans andere Ende;
nichts kann sich vor ihrer Glut verbergen.
Die Weisung des Herrn ist vollkommen,
sie erquickt den Menschen.
Das Gesetz des Herrn ist verlässlich,
den Unwissenden macht es weise.
Die Befehle des Herrn sind richtig, sie erfreuen das Herz;
das Gebot des Herrn ist lauter, es erleuchtet die Augen.
Die Furcht des Herrn ist rein, sie besteht für immer.
Die Urteile des Herrn sind wahr, gerecht sind sie alle.
Sie sind kostbarer als Gold, als Feingold in Menge.
Sie sind süßer als Honig, als Honig aus Waben. Amen

ICH, MARIA, HABE DIE FRAU MIT MEINER GÖTTLICHEN MUTTERSCHAFT ERLÖST

Aber das war nur der Anfang der Erlösung der Frau. Da ich jeder menschlich-ehelichen Bindung durch das Gelübde der Jungfräulichkeit entsagte, habe ich jeder Befriedigung der Begierden entsagt und so bei Gott Gnade erworben. Aber das genügte noch nicht. Denn die Sünde Evas war ein Baum mit vier Ästen: Hochmut, Habsucht, Gaumenlust und Wollust. Alle vier wurden abgeschnitten, bevor der Baum von der Wurzel her unfruchtbar gemacht wurde.
Indem ich mich bis auf den Grund verdemütigte, habe ich den Hochmut besiegt. Ich habe mich vor allen verdemütigt. Ich spreche nicht von meiner Demut vor Gott. Diese ist jedes Geschöpf Gott schuldig. Sein „Wort“ besaß sie. Auch ich musste sie haben als Frau. Aber hast Du jemals darüber nachgedacht, welchen Demütigungen von seiten der Menschen ich mich unterziehen musste, ohne mich in irgendeiner Weise zu verteidigen.

Maria von Agreda

IRISCHER MARIENPREIS

O Maria, du Große! O Maria, größer als die anderen Marien!
O größte der Frauen! O Königin der Engel!
O Herrin des Himmels!
O Frau, voll und übervoll der Gnade des Heiligen Geistes!
O Gesegnete und O Übergesegnete!
O Mutter der ewigen Herrlichkeit!
O Mutter der himmlischen und irdischen Kirche!
O Mutter der Güte und Milde! O Mutter des oberen Lichtes!
O Glanz des Äthers! O Zeichen heiteren Wetters!
O Pforte des Himmels! O goldener Schrein!
O Sitz der Güte und Barmherzigkeit!
O Tempel der Gottheit! O Zierde der Jungfrauen!
O Herrin der Völker! O Quelle der Gärten!
O Abwaschung der Sünden! O Bad der Seelen!
O Mutter der Waisen! O Brust für die Kinder!
O Trost der Elenden! O Stern über dem Meer!
O Magd Gottes! O Mutter Christi! O Braut des Herrn!
O lieblich wie die Taube! O schön wie der Mond!
O erlesen wie die Sonne! O Tilgung der Schmach Evas!
O Erneuerung des Lebens! O Zierde der Frauen!
O Haupt der Jungfrauen! O verschlossener Garten!
O wahre, versiegelte Quelle! O Mutter Gottes!
O immerwährende Jungfrau! O heilige Jungfrau!
O kluge Jungfrau! O schöne Jungfrau! O keusche Jungfrau!
O Tempel des lebendigen Gottes!
O Königsthron des ewigen Königs!
O Heiligtum des Heiligen Geistes! Amen

WEIHEGEBET

Wahrhaft würdig ist es,
Dich selig zu preisen, Gottesgebärerin,
allzeit Selige und Makellose und Mutter unseres Gottes.
Du bist ehrwürdiger als die Cherubim
und unvergleichlich herrlicher als die Seraphim,
unversehrt hast Du das Wort Gottes geboren,
Du wahrhaft Gottesgebärerin, sei hochgepriesen.
Gottesmutter Maria, in Dein reines Herz legen wir uns
und unsere Familien, unsere Verwandten und Freunde,
alle Menschen, für die wir beten wollen.
Trage Du jeden in das Heiligste Herz Jesu,
bitte für uns, daß wir frei werden,
wie Du Gottes Wort zu hören
und seinen heiligen Willen zu erfüllen.
Wir danken Dir, dass Du uns erhörst,
möge alles so geschehen,
wie Gott es will, daß es zu unserem ewigen Heil gereicht.
Amen

Maria, Königin des Friedens,
bitte für uns und die ganze Welt! (3mal)

1.Woche 4.Tag

HEILIGER ERZENGEL MICHAEL

PFINGSTHYMNUS

Komm, Schöpfer Geist, kehr bei uns ein,
besuch das Herz der Kinder dein,
die Deine Macht erschaffen hat,
erfülle nun mit Deiner Gnad.
Der Du der Tröster wirst genannt,
vom höchsten Gott ein Gnadenpfand,
Du Lebensbrunn, Licht, Lieb und Glut,
der Seele Salbung höchstes Gut.
O Schatz, der siebenfältig ziert,
o Finger Gottes, der uns führt,
Geschenk, vom Vater zugesagt,
Du der die Zungen reden macht.
Zünd an in uns des Lichtes Schein,
gieß Liebe in die Herzen ein,
stärk unsres Leibs Gebrechlichkeit,
mit Deiner Kraft zu jeder Zeit.
Treib weit von uns des Feinds Gewalt,
in Deinem Frieden uns erhalt,
dass wir, geführt von Deinem Licht,
in Sünd und Elend fallen nicht.
Den Vater auf dem höchsten Thron
lehr uns erkennen und den Sohn,
Dich, beider Geist sein wir bereit,
zu preisen gläubig alle Zeit.
Den Vater auf dem Höchsten Thron
und seinen auferstandnen Sohn,
Dich, Odem Gottes, Heilger Geist,
auf ewig Erd und Himmel preist. Amen

Wir beten den glorreichen Rosenkranz
in den Anliegen der Muttergottes
und besonders für die ungeborenen Kinder

DER STURZ DES DRACHEN

Da entbrannte im Himmel ein Kampf; Michael und seine Engel erhoben sich, um mit dem Drachen zu kämpfen. Der Drache und seine Engel kämpften, aber sie konnten sich nicht halten, und sie verloren ihren Platz im Himmel. Er wurde gestürzt, der große Drache, die alte Schlange, die Teufel oder Satan heißt und die ganze Welt verführt; der Drache wurde auf die Erde gestürzt, und mit ihm wurden seine Engel hinabgeworfen. Da hörte ich eine laute Stimme im Himmel rufen:

Jetzt ist er da, der rettende Sieg, die Macht und die Herrschaft unseres Gottes und die Vollmacht seines Gesalbten; denn gestürzt wurde der Ankläger unserer Brüder, der sie bei Tag und bei Nacht vor unserem Gott verklagte. Sie haben ihn besiegt durch das Blut des Lammes, und durch ihr Wort und Zeugnis; sie hielten ihr Leben nicht fest bis hinein in den Tod. Darum jubelt ihr Himmel und alle, die darin wohnen.

Weh aber euch, Land und Meer! Denn der Teufel ist zu euch hinabgekommen; seine Wut ist groß, weil er weiß, dass ihm nur noch eine kurze Frist bleibt. Offenb. 12,7-12

JUDITHS LOBGESANG

Stimmt ein Lied an für meinen Gott unter Paukenschall,
singt für den Herrn unter Zimbelklang!
Preist ihn und singt sein Lob,
rühmt seinen Namen und ruft ihn an !
Denn der Herr ist ein Gott, der den Kriegen ein Ende setzt;
er führte mich heim in sein Lager inmitten des Volkes
und rettete mich aus der Gewalt der Feinde! Amen
Judith 16, 1-2

USIJAS LOB FÜR JUDITH

Meine Tochter, du bist von Gott, dem Allerhöchsten
mehr gesegnet als alle anderen Frauen auf der Erde.
Gepriesen sei der Herr, unser Gott,
der Himmel und Erde geschaffen hat.
Durch seine Hilfe ist es dir gelungen,
dem Anführer unserer Feinde den Kopf abzuschlagen.
Die Erinnerung an dein Vertrauen soll in Ewigkeit
nicht aus den Herzen der Menschen entschwinden,
die sich an die Macht Gottes erinnern.
Gott möge dir ewigen Ruhm schenken
und dich reich mit seinem Segen belohnen.
Denn in der Not unseres Volkes
hast du dein Leben nicht geschont;
nein, du hast entschlossen
unseren Untergang von uns abgewehrt,
du bist vor unserem Gott auf geradem Weg gegangen.
Amen
Judith 13, 18-20

DER ANFANGLOSE GOTT, AUS DEM ALLE SCHÖPFUNG IHREN ANFANG NIMMT

Durch mein Wort, das immer ohne Anfang in mir war und ist, gebot ich jener großen Leuchte und mit ihr den unzähligen Funken – das sind die Engel, hervorzukommen. Sie haben, als sie in ihrem eigenen Licht erwachten, mich vergessen und wollten so sein, wie ich bin. Um dieser Anmaßung willen, mit der sie mir widersprachen, hat sie mit großem Donner die Rache meines Zornes hinausgestoßen. Denn nur ein einziger ist Gott, ein anderer kann es nicht sein.

Hl.Hildegard von Bingen

DIE PRÜFUNG DER ENGEL

Nach der Beschaffenheit der Engelnatur und kraft der Allmacht Gottes hätte dies alles ganz schnell im zweiten Zeitabschnitt geschehen können. Ich erkannte aber, dass die mitleidige Güte des Allerhöchsten mit einem gewissen zögernden Verweilen den Engeln das Gute und das Böse, Wahre und Falsche, Gerechte und Ungerechte vorstellte, sowie die Bosheit der Sünde und die Feindschaft Gottes, den ewigen Lohn und die ewige Strafe, endlich auch die Verwerfung Luzifers und seines Anhanges. Seine göttliche Majestät zeigte ihnen die Hölle und ihre Peinen. Sie haben alles angesehen; denn in ihrer erhabenen, rein geistigen Natur können sie alle geschaffenen, endlichen Dinge, so wie diese in sich selbst sind, d.h. ihrer Wesenheit nach, klar erfassen. In dieser Fähigkeit schauten und erkannten sie vor dem Sturz aus der Gnade klar den Ort ihrer Strafe. Den Lohn der Glorie konnten sie aber auf diese Weise noch nicht erkennen. Sie empfingen aber eine andere Erkenntnis über ihn und außerdem ein offenbares, ausdrückliches Versprechen vom Herrn selbst. Dadurch hatte der Allerhöchste seine Sache gerechtfertigt und höchst gerecht gehandelt. All diese Güte und Gerechtigkeit aber hielten Luzifer und seinen Anhang nicht zurück. Darum wurden sie als Verstockte gezüchtigt und in die

Tiefe der Hölle geschleudert. Hingegen wurden die guten Engel auf ewig in der Gnade und Glorie befestigt. Dies alles geschah im dritten Zeitraum. Damit ist erwiesen, dass außer Gott kein Wesen von Natur aus fähig ist, nicht zu sündigen; denn die Engel sündigten trotz ihrer erhabenen Natur, die mit so hoher Erkenntnis und so vielen Gnaden ausgestattet war. Sie gingen verloren. Wie wird es erst der menschlichen Gebrechlichkeit ergehen, wenn Gottes Allmacht sie nicht beschützt, und wenn der Mensch Gott gleichsam zwingt, ihn zu verlassen?

Maria von Agreda

HEILIGER ERZENGEL MICHAEL,

glorreicher Fürst der Himmelsheere,
verteidige uns im Kampf
gegen die Mächte und Gewalten,
gegen die Weltbeherrscher dieser Finsternis,
wider die Geister der Bosheit unter dem Himmel!
Komm den Menschen zu Hilfe,
die Gott nach seinem Ebenbild und Gleichnis schuf
und um hohen Preis aus der Tyrannei Satans erkaufte.
Dich verehrt die heilige Kirche als ihren Schutzpatron;
dir übergab Gott, der Herr, die erkauften Seelen,
um sie einzuführen in die Freuden des Himmels.
Bitte den Gott des Friedens,
dass er Satans Macht unter unsern Füßen vernichte,
damit dieser die Menschen nicht mehr beherrschen
und der Kirche nicht schaden könne!
Bringe unser Gebet vor das Antlitz des Allerhöchsten,
damit die Erbarmungen des Herrn
bald auf uns herabkommen!
Ergreife den Drachen, die alte Schlange,
die nichts anderes ist als der Teufel und Satan,
und stürze ihn gefesselt in den Abgrund,
damit er die Völker nicht weiter verführe!
Amen

WEIHEGEBET

Allerheiligste Jungfrau Maria, Mutter des Lichtes,
ich bitte Dich um Erbarmen mit meiner Schwäche
und um Deine Verteidigung meines gequälten Wesens,
jetzt und in jeder Stunde der Not.
Versiegle meine Seele mit dem Kreuz Christi.
Zeichne meine Seele mit dem Blut Christi.
Schreib in meine Seele Deinen allerheiligsten Namen,
so gefürchtet von Gottes Feind.
Vereitle jegliche Pläne, die böse Kräfte gegen mich hegen.
Erwirke mir doch die Kraft,
jedem Angriff des Bösen zu widerstehen,
und die Heiligkeit, jegliche Versuchung zu verachten.
Unbefleckte Mutter Maria, Schrecken der Dämonen,
aufgrund meiner Liebe zu Dir und zum Kreuz der Erlösung
bewahre mich und meine Geliebten im Licht der Gnade,
damit wir nicht den Irreführungen
und Angriffen des Bösen zum Opfer fallen
und wir in Sicherheit und in Herzensfrieden
unter Deiner Macht standhaft bleiben mögen.
Amen

Myriam van Nazareth

Maria, Königin des Friedens,
bitte für uns und die ganze Welt! (3 mal)

1.Woche 5.Tag

HEILIGER ERZENGEL GABRIEL

WEIHE AN DEN HEILIGEN GEIST

Geliebter Heiliger Geist, ich gebe mich Dir hin.
Verwandle mich in ein Kind des Lichtes.
Schenke mir die Fülle Deiner Gaben.
Reinige den Garten meiner Seele
vom Unkraut meiner Sünden,
damit der Baum meines Lebens Früchte tragen kann.
Mach aus meinem Herzen einen Tempel der Reinheit,
einen Ort der Heiligkeit,
in dem ich Seelen an Maria und Jesus weihen darf.
Möge ihr Pfingstfeuer all dasjenige verbrennen,
was in mir tot ist.
Wecke in meiner Seele das ewige Leben,
das sie bei ihrer Schöpfung erhalten hat,
jedoch unter der Finsternis der Welt schlummert.
Befreie mich aus jeglicher weltlicher Verwirrung.
Öffne mir die Augen für den Plan,
zu dem Gott mich bestimmt hat.
Ergieße die unvergängliche Liebe in mein Herz,
damit mir nur das Geben Freude bereiten kann
und ich durch die völlige Hingabe meines ganzen Wesens
zu der Fülle des Reichtums gelangen kann.
Tränke mich an dem Ozean Deiner Gnaden,
damit auch die Quelle
meiner Großzügigkeit nie versiegen möge
und ich sein möge wie der Mond,
der Gottes Licht an die Welt weiterleitet.
Heiliger Geist, ich gehöre Dir mit meinem ganzen Wesen.
Bestrahle meinen Geist mit der göttlichen Weisheit.
Erleuchte Tag für Tag den Weg meines Lebens
mit dem göttlichen Feuer,

damit ich immer Gottes Wege finden möge,
meine Augen Deine himmlische Braut
Maria schauen können
und ich ihre Führung begreifen kann.
O Heiliger Geist, gewähre mir
die Kenntnisse der ewigen Wahrheit.
Laß meine Augen dasjenige schauen, was wirklich ist.
Amen

Myriam van Nazareth

Wir beten den freudenreichen Rosenkranz
in den Anliegen der Muttergottes,
besonders zum Schutz der ungeborenen Kinder

DIE VERHEISSUNG DER GEBURT DES TÄUFERS

Da erschien dem Zacharias ein Engel des Herrn; er stand auf der rechten Seite des Rauchopferaltars. Als Zacharias ihn sah, erschrak er, und es befiel ihn Furcht. Der Engel aber sagte zu ihm: Fürchte dich nicht, Zacharias! Dein Gebet ist erhört worden. Deine Frau Elisabeth wird einen Sohn gebären; dem sollst du den Namen Johannes geben. Große Freude wird dich erfüllen, und auch viele andere werden sich über seine Geburt freuen. Denn er wird groß sein vor dem Herrn. Wein und andere berauschende Getränke wird er nicht trinken, und schon im Mutterleib wird er vom Heiligen Geist erfüllt sein. Viele Israeliten wird er zum Herrn, ihrem Gott, bekehren. Er wird mit dem Geist und der Kraft des Elija dem Herrn vorangehen, um das Herz der Väter wieder den Kindern zuzuwenden und die Ungehorsamen zur Gerechtigkeit zu führen und so das Volk für den Herrn bereit zu machen. Zacharias sagte zu dem Engel: Woran soll ich erkennen, daß das wahr ist? Ich bin ein alter Mann, und auch meine Frau ist in vorgerücktem Alter. Der Engel erwiderte ihm: Ich bin Gabriel, der vor Gott steht, und ich bin gesandt worden, um mit dir zu reden und dir diese frohe Botschaft zu bringen. Aber weil Du meinen Worten nicht geglaubt hast, die in Erfüllung gehen, wenn die Zeit dafür da ist, sollst du stumm sein und nicht mehr reden können, bis zu dem Tag, an dem all das eintrifft. Luk.1,11-20

DIE GEBURT DES TÄUFERS

Sein Vater Zacharias wurde vom Heiligen Geist erfüllt und begann prophetisch zu reden:

Gepriesen sei der Herr, der Gott Israels!
Denn er hat sein Volk besucht und ihm Erlösung geschaffen;
er hat uns einen starken Retter erweckt
im Hause seines Knechtes David.
So hat er verheißen von alters her
durch den Mund seiner heiligen Propheten!
Er hat uns errettet vor unseren Feinden
und aus der Hand aller, die uns hassen;
er hat das Erbarmen mit den Vätern an uns vollendet
und an seinen heiligen Bund gedacht,
an den Eid, den er unserm Vater Abraham geschworen hat,
er hat uns geschenkt, daß wir, aus Feindeshand befreit,
ihm furchtlos dienen in Heiligkeit und Gerechtigkeit
vor seinem Angesicht all unsre Tage.
Und du, Kind, wirst Prophet des Höchsten heißen;
denn Du wirst dem Herrn vorangehen
und ihm den Weg bereiten.
Du wirst sein Volk mit der Erfahrung des Heils beschenken
in der Vergebung der Sünden.
Durch die barmherzige Liebe unseres Gottes
wird uns besuchen das aufstrahlende Licht aus der Höhe,
um allen zu leuchten die in Finsternis sitzen
und im Schatten des Todes,
und unsere Schritte zu lenken auf den Weg des Friedens.
Amen Luk 1, 67-79

DIE FROHE BOTSCHAFT DES HEILIGEN ERZENGELS GABRIEL

Seit unendlichen Jahrhunderten war, im Schoße der ewigen Weisheit verborgen, die Stunde der Offenbarung des Geheimnisses der Menschwerdung festgesetzt. In der Fülle der Zeit wollte nun Gott der Welt seinen eingeborenen Sohn senden. Er offenbarte dem Erzengel Gabriel seinen Willen.
Sogleich stand der heilige Gabriel wie an den Stufen des Thrones Gottes, aufmerksam auf das unveränderliche Wesen des Allerhöchsten. Gott selbst übergab und erklärte ihm die Botschaft und auch die Worte, mit denen er Maria begrüßen und anreden mußte. Der Allerhöchste selbst ist also ihr Urheber. Er bildete sie in seinem göttlichen Geiste. Der Herr offenbarte in diesen Worten dem Erzengel Gabriel viele tiefe Geheimnisse über die Menschwerdung. Dann gebot ihm die heiligste Dreifaltigkeit, Maria zu verkünden, dass Gott sie zur Mutter des ewigen Wortes erwählt habe. Sie werde es vom heiligen Geiste in ihrem jungfräulichen Schoße empfangen und doch Jungfrau bleiben.

Maria von Agreda

HEILIGER ERZENGEL GABRIEL,

Du Engel der Menschwerdung, Du getreuer Bote Gottes,
öffne unsere Ohren auch für
die leisen Mahnungen und Lockrufe
des liebenden Herzens unseres Herrn!
Sei uns immer vor Augen, wir beschwören Dich,
daß wir das Wort Gottes recht verstehen,
ihm nachgehen und gehorchen und das vollbringen,
was Gott von uns will!
Verhilf uns zu einer wachen Bereitschaft,
daß uns der Herr, wenn er kommt, nicht schlafend finde!
Amen

PSALM 149

Halleluja!
Singet dem Herrn ein neues Lied!
Sein Lob erschalle in der Gemeinde der Frommen.
Israel soll sich über seinen Schöpfer freuen,
die Kinder Zions über ihren König jauchzen.
Seinen Namen sollen sie loben beim Reigentanz,
ihm spielen auf Pauken und Harfen.
Der Herr hat an seinem Volk gefallen,
die Gebeugten krönt er mit Sieg.
In festlichem Glanz sollen die Frommen frohlocken,
auf ihren Lagern jauchzen.
Loblieder auf Gott in Ihrem Mund,
ein zweischneidiges Schwert in ihrer Hand,
um die Vergeltung zu vollziehen an den Völkern,
an den Nationen das Strafgericht,
um ihre Könige mit Fesseln zu binden,
ihre Fürsten mit eisernen Ketten.
Um Gericht über sie zu halten, so wie geschrieben steht.
Herrlich ist das für all seine Frommen. Halleluja!
Amen

WEIHEGEBET

Liebe Mutter Maria,
unbefleckt empfangene Himmelskönigin,
ich gebe Dir mein ganzes Wesen hin.
Geruhe, in mir zu leben,
mich nach Deinem Bilde umzugestalten,
und mich zu der Heiligkeit zu führen,
die Gott von mir verlangt,
damit das Reich Jesu Christi auf Erden kommen möge.

Führe mich doch zur vollkommenen Liebe,
damit das Feuer meines Herzens
Wärme, Licht und himmlischen Frieden
über die Seelen bringen möge.
Gegrüßet seist Du, Maria...

Führe mich doch zur vollkommenen Reinheit,
damit ich sündenfrei werden kann,
stark gegen jegliche Versuchung und heilig in der Tat,
im Wort und in Gedanken.
Gegrüßet seist Du, Maria....

Führe mich doch zur vollkommenen Weisheit,
damit ich die einzige Wahrheit kennen und begreifen möge
und sie überzeugend verbreiten kann.
Gegrüßet seist Du, Maria...Amen

Myriam van Nazareth

Maria, Königin des Friedens,
bitte für uns und die ganze Welt ! (3mal)

1.Woche, 6.Tag

HEILIGER ERZENGEL RAPHAEL

O Feuer des Tröstergeistes,
Leben des Lebens aller Geschöpfe!
Heilig bist Du, Du belebst die Gebilde,
heilig bist Du, Du salbst die gefährlich Verletzten.
Heilig bist Du, Du reinigst die schwärenden Wunden.

Hauch aller Heiligkeit, Feuer der Liebe,
Süßes Verkosten in unserer Brust!
Wohlduft der Tugenden senkst Du ein in die Herzen.
Du lauterster Quell, in dem wir erschauen,
wie Gott die Irrenden sammelt und sucht die Verlor`nen.

O Schutzwehr des Lebens,
Du Hoffnung der Glieder auf Einheit,
Du Gürtel der sittlichen Würde, heile die Heiligen!
Beschirm, die der Feind hält gefangen,
mach frei, die da liegen in Fesseln,
die göttliche Kraft will sie retten.

Du mächtiger Weg, der alles durchzieht
in Höhen, auf Erden, in allen Tiefen,
Du fügest und schließest ja alles in eins.
Durch Dich wogen die Wolken und fliegen die Lüfte,
träufeln die Steine, und Bäche entströmen den Quellen,
läßt sprossen die Erde das Grün.

Du bringst auch stets Menschen voll Einsicht hervor,
beglückt durch den Odem der Weisheit.
Und darum sei Lob Dir, Du Stimme des Lobes,
Du Freude des Lebens, Du Hoffnung und mächtiger Ruhm,
weil Du die Gaben des Lichtes verleihst.
Amen

Hl. Hildegard von Bingen

Wir beten den glorreichen Rosenkranz
in den Anliegen der Muttergottes,
besonders zum Schutz der ungeborenen Kinder

DAS LAMM UND SEIN GEFOLGE

Und ich sah: Das Lamm stand auf dem Berg Zion, und bei ihm waren hundertvierundvierzigtausend; auf ihrer Stirn trugen sie seinen Namen und den Namen seines Vaters. Dann hörte ich eine Stimme vom Himmel her, die dem Rauschen von Wassermassen und dem Rollen eines gewaltigen Donners glich. Die Stimme, die ich hörte, war wie der Klang der Harfe, die ein Harfenspieler schlägt. Und sie sangen ein neues Lied vor dem Thron und vor den vier Lebewesen und vor den Ältesten. Aber niemand konnte das Lied singen lernen außer den hundertvierundvierzigtausend, die freigekauft und von der Erde weggenommen worden sind. Sie sind es, die sich nicht mit Weibern befleckt haben; denn sie sind jungfräulich. Sie folgen dem Lamm, wohin es geht. Sie allein unter allen Menschen sind freigekauft als Erstlingsgabe für Gott und das Lamm. Denn in ihrem Mund fand sich keinerlei Lüge. Sie sind ohne Makel.

Offenb.14,1-5

RAPHAELS SELBSTOFFENBARUNG

Der Engel sagte: Preist Gott, lobt ihn! Gebt ihm die Ehre und bezeugt vor allen Menschen, was er für euch getan hat. Es ist gut, Gott zu preisen und seinen Namen zu verherrlichen und voll Ehrfurcht seine Taten zu verkünden.

Hört nie auf, ihn zu preisen! Es ist gut, das Geheimnis eines Königs zu wahren; die Taten Gottes aber soll man offen rühmen. Tut Gutes, dann wird euch kein Unglück treffen. Es ist gut zu beten und zu fasten, barmherzig und gerecht zu sein. Lieber wenig, aber gerecht, als viel und ungerecht. Besser barmherzig sein als Gold aufhäufen. Denn Barmherzigkeit rettet vor dem Tod und reinigt von jeder Sünde. Wer barmherzig und gerecht ist wird lange leben. Wer aber sündigt, ist der Feind seines eigenen Lebens.

Es ist gut, das Geheimnis eines Königs zu wahren; die Taten Gottes aber soll man offen rühmen. Darum sollt ihr wissen: Als ihr zu Gott flehtet, du und deine Schwiegertochter Sara, da habe ich euer Gebet vor den Heiligen Gott gebracht.

Ich bin Raphael, einer von den sieben heiligen Engeln, die das Gebet der Heiligen emportragen und mit ihm vor die Majestät des heiligen Gottes treten. Tobit 12, 6-12, 15

SONNENGESANG

Du höchster, allmächtiger, guter Herr,
Dein sind Lobpreis, Herrlichkeit und Ehre und aller Segen,
nur Dir allein, o Höchster, gebühren Sie,
kein Mensch ist würdig, Deinen Namen zu nennen.

Gelobt seist Du, mein Herr, mit all Deinen Geschöpfen,
vornehmlich mit der edlen Herrin Schwester Sonne,
denn sie ist der Tag, sie erleuchtet uns.
Und schön ist sie und strahlend in großem Glanz:
Dein Sinnbild, Du Höchster!

Gelobt seist Du, mein Herr,
durch Bruder Mond und die Sterne;
am Himmel schufst Du sie,
hell leuchtend und kostbar und schön.

Gelobt seist Du, mein Herr,
durch Bruder Wind und die Lüfte,
durch Wolken und heiteren Himmel;
und jegliches Wetter,
durch das Du Deinen Geschöpfen Gedeihen gibst.

Gelobt seist Du, mein Herr, durch Schwester Wasser;
gar nützlich ist sie und demütig und kostbar und rein.

Gelobt seist Du, mein Herr, durch Bruder Feuer,
durch den Du uns die Nacht erleuchtest,
schön ist er und fröhlich und gewaltig und stark.

Gelobt seist Du, mein Herr,
durch unsere Schwester Mutter Erde,
die uns ernährt, die uns erhält, vielfältige Frucht uns trägt,
und bunte Blumen und Kräuter.

Gelobt seist Du, mein Herr, durch jene,
die vergeben um Deiner Liebe willen,
und Krankheit leiden und Not.
Selig, die solches still ertragen:
von Dir, Höchster, werden Sie einst gekrönt.

Gelobt seist Du, mein Herr,
durch unseren Bruder, den leiblichen Tod:
keiner der Lebenden kann ihm entrinnen.
Weh denen, die sterben in schwerer Sünde,
und selig, welche ruhen in Deinem heiligsten Willen,
denn kein Leid tut ihnen der zweite Tod.

Lobet und preiset meinen Herrn,
und erweist ihm Dank und dient Ihm in tiefer Demut.
Amen

Heiliger Franziskus

VOM AUSSEHEN DER ERZENGEL UND SEINER BEDEUTUNG

Der allmächtige und unaussprechliche Gott, der vor aller Zeit war, doch ohne Anfang ist und am Ende der Zeiten nicht aufhören wird zu sein, hat jedes Geschöpf wunderbar nach seinem Willen geschaffen und wunderbar nach seinem Willen ausgestattet. Wie? Er bestimmte, daß die einen der Erde verhaftet sind, die andern aber dem Himmel angehören. Er berief die seligen himmlischen Geister sowohl zum Heil der Menschen als auch zur Ehre seines Namens. Wieso? Er bestimmte nämlich die einen dazu, den Menschen in ihren Nöten zu Hilfe zu kommen, die anderen aber, den Menschen seine geheimen Urteile kundzutun.

Deshalb haben sie im zweiten Chor gleichfalls Flügel an der Brust und Menschenantlitze, in denen auch das Bild des Menschensohnes wie in einem Spiegel aufleuchtet. Das sind die Erzengel; auch sie achten im Verlangen nach Einsicht auf den Willen Gottes und offenbaren an sich die Schönheit der Vernunft. Sie verherrlichen das fleischgewordene Wort Gottes auf lauterste Weise; denn in Erkenntnis der geheimen Ratschlüsse Gottes kündigten sie oft die Geheimnisse der Menschwerdung des Gottessohnes mit ihren Zeichen an.

Doch kannst du an keinem der beiden Chöre mehr von ihrer Gestalt erkennen. Denn in den Engeln und Erzengeln sind viel verborgene Geheimnisse, die der menschliche Verstand unter dem Gewicht des sterblichen Leibes nicht begreifen kann. Daß aber diese Chöre fünf weitere wie ein Kranz umgeben, bedeutet: Die fünf Sinne umfassen Leib und Seele des Menschen mit ihrer gewaltigen Stärke. Sie sollen – durch die fünf Wunden meines Sohnes gereinigt – geradewegs zum inneren Sinn der Gebote führen.

Scivias – Hl. Hildegard von Bingen

GEBET

Heiliger Erzengel Raphael!
Du Liebespfeil und Arznei der Liebe Gottes!
Verwunde, wir beschwören Dich, unser Herz,
durch die brennende Liebe
und laß diese Wunde nie heilen,
damit wir auch im Alltag
immer auf dem Weg der Liebe bleiben
und durch die Liebe alles überwinden!
Amen

WEIHEGEBET

Gott lebt in mir. Gott ist Licht und Liebe.
Das Licht überwindet alle Finsternis.
Nichts kann das Licht aus mir vertreiben.
Heiliges Kreuz Jesu Christi,
befreie mich von allem Übel.
Unbefleckte Empfängnis Mariens,
reinige mich von aller Versuchung.
Besiege in mir alles, was unrein ist.
Amen.

Myriam van Nazareth

Maria, Königin des Friedens,
bitte für uns und die ganze Welt! (3mal)

1.Woche 7.Tag

DAS GERICHT

KOMM, HEILIGER GEIST!

O Licht unseres Leibes, komm und heile alle jene,
die Dich niemals verstanden haben.
Komm zu all jenen, die Dich fürchten,
komm und enthülle Deine verborgenen Schätze,
die für unsere Zeit aufbewahrt sind.
Komm und offenbare des Vaters
und des Sohnes Heiliges Antlitz,
komm und offenbare Dich selbst, Heiliger Geist!
Komm, mein Freund,
denn Du bist das blendende Licht unseres Herzens.
Komm vom Himmel und umhülle uns
mit Deiner Stärke und Herrlichkeit.
Komm und lasse Dich in uns nieder
und mache aus Deiner Wohnung
einen Ort des Gebetes,
denn Du bist das immerwährende Gebet.
Siehe, wie nackt wir ohne Dich sind.
Komm und lasse Dein Licht in diese Finsternis scheinen.
Du bist die Verheißung, Du bist unsere Liebe,
Du bist unser Licht, ja, Du bist die Verheißung,
Du bist der Bürge unserer Erbschaft.
Geheiligt sei Dein Name und gepriesen!
Du bist die unbezahlbare und unschätzbare Perle.
Du bist der Strahlenglanz unserer Seele.
Du bist das Festmahl und unser Fest.
Du bist der unwiderstehliche Begleiter unseres Lebens.
Du bist der Thron der Armen im Geiste,
Du bist das Königreich der Königreiche,
das Kaiserreich der Kaiserreiche!
O Gast unserer Seele, komm und befreie uns!
Amen

Wir beten den glorreichen Rosenkranz
in den Anliegen der Muttergottes,
besonders zum Schutz der ungeborenen Kinder

DIE ENGEL UND DAS KLEINE BUCH

Und ich sah: Ein anderer gewaltiger Engel kam aus dem Himmel herab; er war von einer Wolke umhüllt und der Regenbogen stand über seinem Haupt. Sein Gesicht war wie die Sonne und seine Beine waren wie Feuersäulen. In der Hand hielt er ein kleines aufgeschlagenes Buch. Er setzte seinen rechten Fuß auf das Meer, den linken auf das Land und rief laut, so wie ein Löwe brüllt. Nachdem er gerufen hatte, erhoben die sieben Donner ihre Stimme. Als die sieben Donner gesprochen hatten, wollte ich es aufschreiben. Da hörte ich eine Stimme vom Himmel her rufen: Halte geheim, was die sieben Donner gesprochen haben; schreib es nicht auf! Und der Engel, den ich auf dem Meer und auf dem Land stehen sah, erhob seine rechte Hand zum Himmel. Er schwor bei dem, der in alle Ewigkeit lebt, der den Himmel geschaffen hat und was darin ist, die Erde und was darauf ist und das Meer und was darin ist: Es wird keine Zeit mehr bleiben, denn in den Tagen, wenn der siebte Engel seine Stimme erhebt und seine Posaune bläst, wird auch das Geheimnis Gottes vollendet sein; so hatte er es seinen Knechten und Propheten verkündet.

Off.10,1-7

DIE ANKÜNDIGUNG DES GERICHTS

Dann sah ich: Ein anderer Engel flog hoch am Himmel. Er hatte den Bewohnern der Erde ein ewiges Evangelium zu verkünden, allen Nationen, allen Stämmen, Sprachen und Völkern. Er rief mit lauter Stimme:
Fürchtet Gott, erweist ihm die Ehre! Denn die Stunde seines Gerichts ist gekommen. Betet ihn an, der den Himmel und die Erde, das Meer und die Wasserquellen geschaffen hat.

Ein anderer Engel, ein zweiter, folgte und rief: Gefallen, gefallen ist Babylon, die Große, die alle Völker betrunken gemacht hat mit dem Zornwein ihrer Hurerei.
Ein anderer Engel, ein dritter, folgte ihnen und rief mit lauter Stimme: Wer das Tier und sein Standbild anbetet und wer das Kennzeichen auf seiner Stirn oder auf seiner Hand annimmt, der muß den Wein des Zornes Gottes trinken, der unverdünnt im Becher seines Zorns gemischt ist. Und er wird mit Feuer und Schwefel gequält vor den Augen der heiligen Engel und des Lammes. Der Rauch von ihrer Peinigung steigt auf in alle Ewigkeit, und alle, die das Tier anbeten und die seinen Namen als Kennzeichen annehmen, werden bei Tag und bei Nacht keine Ruhe haben. Hier muß sich die Standhaftigkeit der Heiligen bewähren, die an den Geboten Gottes und an der Treue zu Jesus festhalten. Und ich hörte eine Stimme vom Himmel her rufen: Schreibe! Selig die Toten, die im Herrn sterben, von jetzt an; ja, spricht der Geist, sie sollen ausruhen von ihren Mühen, denn ihre Werke begleiten sie. Offenb.14, 6-13

SCHLUSS DER AUSLEGUNG DES 12.KAPITELS DER GEHEIMEN OFFENBARUNG

Während der ersten Woche, in der Gott nach dem Bericht der Genesis das Weltall erschuf, beschäftigten sich Luzifer und alle Teufel damit, Rachepläne wider das Wort, das Mensch werden sollte, und wider seine Mutter auszusinnen. Am ersten Tag, der dem Sonntag entspricht, wurden die Engel erschaffen, und Gott gab ihnen Gesetze, denen sie gehorchen sollten. Die bösen Engel widersetzten sich und übertraten sie.
Luzifer sagte: Weil Gott aller Voraussicht nach die Menschen sehr lieben werde, würde die ärgste Rache und schwerste Unbill darin bestehen, dass sie die Wirkungen der göttlichen Liebe verhinderten, indem sie die Menschen betörten, verführten und soviel wie möglich aufreizten, gegen Gott

undankbar und rebellisch zu sein. Dadurch würden sie seine Gnade und Freundschaft verlieren. Nach dieser Erkenntnis müssen wir arbeiten und alle Kräfte und Sorgen aufbieten. Wir wollen die Menschen unsern Einsprechungen und unserm Willen unterwürfig machen und sie dadurch verderben. Wir wollen das ganze Menschengeschlecht verfolgen und es um seinen verheißenen Lohn bringen. Wir wollen unsere ganze Wachsamkeit aufbieten, dass die Menschen nicht zur Anschauung Gottes gelangen, weil diese uns ungerechterweise verweigert wurde. Großen Triumph werde ich über sie feiern. Alles werde ich verheeren und meinem Willen unterwerfen. Ich will Irrtümer und Sekten und meine den Gesetzen Gottes zuwiderlaufenden Gesetze verbreiten.
Ich selbst werde aus den Menschen Propheten und Anführer erwecken, in sie meine Irrlehren säen, die sie überall verbreiten sollen. Darauf will ich aus Rache gegen ihren Schöpfer sie zu mir in die Qualen der Hölle hinabziehen. Die Armen will ich bedrängen, die Notleidenden unterdrücken, die Verlassenen verfolgen. Ich will Zwietracht säen, Kriegsflammen entzünden, Völker gegen Völker hetzen, Hochmütige und Freche hervorbringen, die das Gesetz der Sünde überall ausbreiten. Alle, die mir folgen, will ich im ewigen Feuer vergraben. Jene, die sich mir am engsten anschließen, will ich in den Ort der größten Qualen versenken. Das wird mein Reich sein, das ist der Lohn, den ich meinen Knechten gebe.

Maria von Agreda

DAS MORGENROT EINER NEUEN ZEIT

Das Blut der Märtyrer und Propheten wird in jener Stunde wieder aufwallen und mit einem meinem Thron wohlgefälligen Duft rauchen, und die Schollen der Erde, die das Stöhnen der aus Haß auf mich Ermordeten aufgenommen und die letzten Zuckungen empfangen haben, werden einen lauten Schrei hinausschmettern, zusammengesetzt aus all jenem heiligen Röcheln, sie werden in Konvulsionen der Angst erbeben und die Städte niederstürzen lassen und die Häuser der Menschen, in denen man sündigt und mordet und das Antlitz des Himmels mit der Stimme erfüllen, die Gerechtigkeit fordert.

Maria Valtorta

WEIHEGEBET

Allerheiligste Jungfrau Maria,
Königin des Himmels und Herrin der Engel,
in Deiner mächtigen Gegenwart
weihe ich mich den heiligen Erzengeln.
Geruhe, meine Weihe
an die Fürsten des Himmlischen Hofes
zu einem ewigen Bund zu besiegeln.

Heiliger Erzengel Michael,
ich stelle mich unter deine Obhut.
Geruhe, mich und alle meine Lieben
vor dem Bösen zu schützen,
uns gegen jegliche Versuchung zu verteidigen,
uns gegen jegliche sündhafte Neigung zu stärken
und unser Haus vor jeglichem Unheil zu schützen.

Heiliger Erzengel Raphael,
ich stelle mich unter deine Obhut,
Geruhe mich und alle meine Lieben in jeglicher Krankheit,
in jeglichem Schmerz und in jeglicher Prüfung
am Körper, im Geist und im Herzen zu stärken
und diejenigen zu erleuchten und zu führen,
denen wir bei Krankheit oder Unfall anvertraut werden.

Heiliger Erzengel Gabriel,
ich stelle mich unter deine Obhut,
Geruhe, mich und alle meine Lieben für alle Worte,
Gedanken und Gefühle zu erschließen,
die Gott uns anvertrauen will, damit unsere Seele,
unser Herz und unsere geistigen Fähigkeiten unaufhörlich
mit ihm in Verbindung stehen mögen.

Heilige Erzengel des ewigen Lichtes,
erfüllt doch mein Leben und das Leben
meiner Lieben mit himmlischem Frieden,
mit himmlischer Freude, Liebe und Kraft
und macht Gottes Führung spürbar in allem,
was wir tun, denken und fühlen
in den allerheiligsten Namen von Jesus und Maria.
Amen

Myriam van Nazareth

Maria, Königin des Friedens,
bitte für uns und die ganze Welt! (3mal)

2.Woche 1.Tag

MARIA

„Ich bin die unbefleckte Empfängnis“

HEILIGER GEIST,

Du bist die Quelle des Lebens,
überschäumender und göttlicher Antrieb
im mystischen Leib Christi, der die Kirche ist.
Du bist das Licht unserer Seele, Spender der Gaben,
Du enthüllst das Geheimnis der Kindschaft,
besuche unsere bedürftige Seele
und bereichere sie mit Deinen Gaben,
gestalte uns um in Deine Güte und Deine Gaben.
Demütig flehend bitten wir Dich
um Deine Kostbarkeiten, Deine sieben Gaben,
entflamme unser Herz mit Deinem glühenden Feuer.
Schenke mir Herr, Deinen Geist der Erkenntnis,
damit ich nicht den Verfälschungen verfalle,
die man an Deinem Wort verübt.
Laß mich zu Dir hinzutreten,
um Dich als dreimal Heiligen zu erkennen,
und mich daraus selbst verstehen
als Deinen Abglanz und Dein Spiegelbild.
Amen

Wir beten den Immaculata-Rosenkranz
in den Anliegen der Muttergottes
und besonders zum Schutz der ungeborenen Kinder

MIT EINEM LOBGESANG
VERKÜNDET ANNA IHRE MUTTERSCHAFT

„Ehre sei dem Vater, dem allmächtigen,
der von den Söhnen Davids Liebe erntet.
Ehre sei dem Vater!
Hohe Gnade hat mich heimgesucht vom Himmel her.
Der alte Baum gibt einen neuen Sproß, der mich beglückt.
Am Fest der Lichter warf die Hoffnung ihren Samen:
nun sieht der Blütenduft des Nisans ihn keimen.
Wie der Mandelbaum
erblüht mein Fleisch zur Frühlingszeit.
Es fühlt, daß seine Frucht erscheinen wird, zur Abendzeit.
Auf diesem Zweig blüht eine Rose,
prangt einer der süßesten Äpfel;
ein Stern geht auf, hell leuchtet er am Himmel;
ein junges, unschuldiges Leben ist uns gegeben.
Die Freude des Hauses, des Gatten und der Gattin.
Lob sei dem Herrn, ja meinem Herrn,
der Erbarmen mit mir hatte!
Sein Licht hat mir verkündet:
Ein Stern wird zu mir kommen.
Ehre, Ehre sei Dir! Dein wird die Frucht der Pflanze sein.
Die erste und letzte, heilige und reine,
die ein Geschenk des Herrn ist.
Dein soll sie sein, und durch sie
wird Freude und Frieden auf Erden kommen.
Webschiffchen flieg!
Der Faden soll zu Windeln fürs Kindlein werden.
Es wird geboren werden!
Gott preisend steige empor meines Herzen Jubel!“
Amen

Maria Valtorta

GNADEN, DIE MARIA DEM HAUSE DES ZACHARIAS VERMITTELTE (2)

Ein schlecht gesittetes Weib wohnte nahe beim Hause des Zacharias und pflegte als Nachbarin den Unterhaltungen der Hausgenossen Elisabeths beizuwohnen. Sie führte ein ausgelassenes Leben. Als sie von der Bescheidenheit und Eingezogenheit Mariä hörte, sagte sie mit neugierigem Leichtsinn: „Wer ist doch diese Fremde, die zu uns als Gast und Nachbarin gekommen ist und so heilig und zurückgezogen tut?“ Aus Neugierde wollte sie Mariä Kleidung und Antlitz sehen. War die Absicht auch ungehörig, so hatte sie doch gute Folgen; Denn als sie ihr Verlangen befriedigte, wurde ihr Herz so verwundet, dass sie durch den Anblick der seligsten Jungfrau ganz umgewandelt wurde. Sie änderte ihre Sitten. Sie fühlte die hier wirkende Kraft, die sie aber nicht kannte. Aus Schmerz über ihre Sünden vergoß sie Ströme von Tränen. Nur mit neugieriger Aufmerksamkeit hatte sie ihre Blicke auf die Mutter der jungfräulichen Reinheit gerichtet. Dafür erhielt sie die Tugend der Keuschheit und Befreiung von ihren sinnlichen Gewohnheiten und Neigungen. In Reue zog sie sich dann zurück, um ihr schlechtes Leben zu beweinen. Darauf bat sie, Maria besuchen und sprechen zu dürfen. Unsere liebe Frau erhörte sie, um sie in der Gnade zu bestärken. Sie wusste, was geschehen war, trug sie ja in ihrem jungfräulichen Schoße den Urheber der Gnade, der Gerechte und Heilige bildet, und in dessen Macht sie als Fürsprecherin der Sünder tätig war. Maria empfing die Frau mit mitleidsvoller Mutterliebe, ermahnte und unterrichtete sie in der Tugend und entließ sie gebessert und zur Beharrlichkeit gestärkt.

Maria von Agreda

Bernadette: Ich hob den Kopf und sah zur Grotte hin. Ich bemerkte eine weißgekleidete Dame. Sie trug ein weißes Kleid, einen blauen Gürtel und eine gelbe Rose in der Farbe ihres Rosenkranzes auf jedem Fuß; Die Perlen ihres Rosenkranzes waren weiß. Die Dame nahm den Rosenkranz, den sie zwischen ihren Händen hielt, und sie machte das Kreuzzeichen...
Meine Angst begann sich zu legen; ich ergriff meinen Rosenkranz; ich versuchte auch meinerseits das Kreuzzeichen zu machen, und ich konnte es... Ich kniete nieder und ich ließ den Rosenkranz durch die Finger gleiten, wobei ich immer diese schöne Dame vor Augen hatte...(Nach dem Gebet) winkte mich die Dame... zu sich, aber ich habe es nicht gewagt (näherzutreten) und bin immer am gleichen Platz stehengeblieben. Darauf verschwand die Erscheinung plötzlich.“
Bernadette wechselte bei der ersten Begegnung kein einziges Wort mit dieser überirdischen Gestalt. Bei der dritten Erscheinung sprach die „weiße Dame“ erstmals mit Bernadette und forderte sie auf, die nächsten 14 Tage zur Grotte zu kommen. Die „weiße Dame“ hatte sich mitten im Rosenkranzgebet nur Bernadette gezeigt und sich allein ihr auch mitgeteilt. Die Zuschauer waren von der völlig veränderten Bernadette, die wie in eine andere Welt entrückt schien, in den Bann gezogen. Ein auswärtiger Priester, der nichts vom Verbot für den Klerus wusste, zur Grotte zu gehen, wurde von der Menge ganz nach vorne geschoben, damit er die Ekstase Bernadettes genau beobachten konnte.
Er schrieb darüber: „Man kann ihr Lächeln gar nicht beschreiben. Der begabteste Maler und der vollendetste Schauspieler vermögen niemals diese Anmut und Grazie wiederzugeben... Was mir besonders aufgefallen ist, ist der besondere Ausdruck von Freude und Trauer auf ihrem Gesicht. Blitzartig veränderte sich ihr Gesicht von einem zum andern...Welch ein Unterschied zwischen der, die sie vorher war, und der, die ich im Augenblick der Erscheinung sah! ...Ich glaubte mich an den Pforten des Paradieses.“

Der Ortsgeistliche schenkte ihren Erzählungen keinen rechten Glauben und setzte sie vor die Tür. Dem Bischof gegenüber stellte er die Vorkommnisse so dar, „daß dieser über Bernadette und ihre Visionen lachte“. Am Morgen des 25.März 1858, dem Fest „Verkündigung des Herrn“, fühlte sich Bernadette wieder gedrängt, zur Grotte von Massabielle zu gehen. Und tatsächlich zeigte sich ihr die „weiße Dame“. Bernadette richtete mehrmals die ihr von Pfarrer Peyramale aufgetragene Frage an sie: „Möchten Sie die Güte haben, mir ihren Namen zu sagen?“ Überraschend antwortete ihr das Gegenüber: „Ich bin die Unbefleckte Empfängnis.“

Das Kind eilte zu Pfarrer Peyramale, um ihm diese Neuigkeit zu überbringen. Auf dem Weg dorthin murmelte sie ständig das „Concepcio Immaculata“ vor sich hin. Sie hatte Angst, die ihr anvertraute Botschaft zu vergessen. Erst am Abend erklärte ihr ein Nachbar, dass die Jungfrau Maria und die Immaculata ein und dieselbe Person seien. Nun wich auch bei Pfarrer Peyramale die Skepsis. Bestätigt die Erscheinung das zuvor verkündete Dogma von der „Unbefleckten Empfängnis?“

Daniel Biskup, Reinhard Kürzinger

WEIHE AN MARIAS UNBEFLECKTE EMPFÄNGNIS

Liebe Mutter Maria, heute preise ich Dich
als vollkommenes Fenster zu Gott,
die einzige Menschenseele, die jemals
durch unmittelbares Göttliches Einschreiten
in einem Menschen empfangen ist.
Und ab ihrer Empfängnis bis in die Ewigkeit
die vollkommene Reinheit in sich verkörpert hat.
Vollständig freigeblieben von der Erbsünde
und jedem erdenklichen Makel,
bist Du stets unantastbar gegen das Böse gewesen
und von Anfang an dazu bestimmt,
den Teufel zu überwinden.
Gott hat Dich als das Vorbild von dem gedacht,
was er bei der Schöpfung des Menschen vorgesehen hat.
Du willst alle Deine Kinder zu Gottes
Paradies der Reinheit führen.
So viele haben dem Teufel erlaubt,
ihr Herz, ihren Geist, ihre Seele
in dichten Nebel zu hüllen,
wodurch sie das Licht nicht länger wahrnehmen.
Weil ich danach verlange, unter Deiner Führung
die Pforte des Himmels zu erreichen,
habe ich mich total in Deinen Dienst gestellt.
An diesem Fest der Verherrlichung
Deiner vollkommenen Reinheit
will ich Dir alle Zustände,
Erfahrungen und Gefühle übertragen,
die jemals meine Seele von der
von Gott beabsichtigten Reinheit entfernt haben.
Ich trage Dir alle Gelegenheiten an, wobei ich Dich,
Jesus und meinen ewigen Vater enttäuscht habe
oder Dir mein Kreuz nicht in Gleichmut
als Opferblume angeboten habe.

Jeglichen Mangel an Opferbereitschaft
lege ich in Demut als einen Strauß
von Rosen der Sühne vor Deine Füße nieder.
O allerreinste himmlische Blume,
geruhe, sie als ein Geschenk
aus einem reumütigen Herzen anzunehmen,
und mich von aller Last zu befreien,
die jemals mein Herz bedrückt hat.
Und von allem Unmut, Groll, aller Verbitterung,
Frustration oder Enttäuschung,
die jemals meine Seele vergiftet haben.
Liebe unbefleckte Mutter, lehre mich, stets zu begreifen,
dass jegliche Prüfung, die meinen Weg kreuzt, ein Mittel ist,
wodurch Du meine Seele näher an die
von Dir gewollte Reinheit bringen kannst.
Hilf mir, mein Herz von materiellen Dingen zu lösen,
denn sie binden mich an die Ketten des Bösen
und entfernen mich von Deinem allerreinsten Licht.
Hilf mir, Deine Reinheit von Herz und Seele auszustrahlen,
so dass ich meine Brüder und Schwestern
zu Dir und Jesus führen kann.
Liebe Mutter, meine Seele ist durch die Sünde krank.
Nimm sie darum in Deine Arme
und heile sie durch Deine Reinheit,
damit ich nach Deinem Vorbild die von Gott
für mich vorgesehene Heiligkeit erlangen kann.
Möge durch diese Berührung Deiner reinigenden Hände
meine Seele auf den Göttlichen Kuß vorbereitet werden,
der einst Deine Unbefleckte Empfängnis versiegelt hat
und Dich zum Vertreter der Göttlichen Reinheit
auf Erden gemacht hat. Amen

Myriam van Nazareth

Maria, Königin des Friedens,
bitte für uns und die ganze Welt! (3mal)

2.Woche 2.Tag

VERKÜNDIGUNG

GEIST DER WEISHEIT

Herr, sende mir Deinen Geist der Weisheit,
damit ich mich nach Deinem himmlischen Weinberg sehne
und meine Seele nach heiligen Früchten verlangt.
Dein Geist der Weisheit suche mich in meiner Armseligkeit.
Schenke mir ein aufrichtiges Herz,
lenke mich durch Deinen Geist der Weisheit,
daß er mich in euer Reich leite.
Amen

Wir beten den freudenreichen Rosenkranz
in den Anliegen der Muttergottes
und besonders für die ungeborenen Kinder

DIE VERHEISSUNG DER GEBURT JESU

Im sechsten Monat wurde der Engel Gabriel von Gott in eine Stadt namens Nazareth zu einer Jungfrau gesandt. Sie war mit einem Mann namens Joseph verlobt, der aus dem Hause Davids stammte. Der Name der Jungfrau war Maria. Der Engel trat bei ihr ein und sagte: Sei gegrüßt, Du Begnadete, der Herr ist mit Dir. Sie erschrak über die Anrede und überlegte, was dieser Gruß zu bedeuten habe. Da sagte der Engel zu Ihr: Fürchte Dich nicht, Maria; denn Du hast bei Gott Gnade gefunden. Du wirst ein Kind empfangen, einen Sohn wirst Du gebären: dem sollst Du den Namen Jesus geben. Er wird groß sein und Sohn des Höchsten genannt werden. Gott, der Herr, wird ihm den Thron seines Vaters David geben. Er wird über das Haus Jakob in Ewigkeit herrschen, und seine Herrschaft wird kein Ende haben. Maria sagte zu dem Engel: Wie soll das geschehen, da ich keinen Mann erkenne? Der Engel antwortete ihr: Der heilige Geist wird über Dich kommen, und die Kraft des Höchsten wird Dich überschatten. Deshalb wird auch das Kind heilig und Sohn Gottes genannt werden. Auch Elisabeth, Deine Verwandte, hat noch in ihrem Alter einen Sohn empfangen; obwohl sie als unfruchtbar galt, ist sie jetzt schon im sechsten Monat. Denn für Gott ist nichts unmöglich. Da sagte Maria: Ich bin die Magd des Herrn, mir geschehe, wie Du es gesagt hast. Danach verließ Sie der Engel.

Luk1,26-38

VERKÜNDIGUNG DER GOTTESMUTTER

Eine neue Schöpfung zeigte uns der Schöpfer,
indem er sich uns offenbarte
durch den von ihm Gewordenen,
aufblühend aus dem unbesäten Mutterschoß.
Der Vorsteher der Engel ward gesandt vom Himmel,
zu sprechen zur Gottesgebärerin:
„Freue Dich, und wie er sieht,
dass Du Fleisch geworden bist, o Herr,
verwunderte er sich, stand dort
und rief zu ihr mit körperloser Stimme:
Freue Dich, durch die die Freude erstrahlen wird;
Freue Dich, o Höhe,
die zweifach menschliches Denken übersteigt,
Freue Dich, o Tiefe,
die auch zweifach schwer zu ergründen ist;
auch für die Augen der Engel;
Freue Dich, der Du bist der Thronsitz des Königs;
Freue Dich, denn Du trägst den, der alles trägt;
Freue Dich, Schoß der göttlichen Fleischwerdung,
Freue Dich, durch die die Schöpfung erneuert wird;
Freue Dich, durch die wir den Schöpfer anbeten.
Freue Dich, Du unvermählte Braut.“ Amen

Ostkirche, Hymnus/Akafist zum 25.März

DIE WEISSAGUNG ÜBER DEN IMMANUEL

Darum wird euch der Herr von sich aus ein Zeichen geben:
Seht, die Jungfrau wird ein Kind empfangen,
sie wird einen Sohn gebären,
und sie wird ihm den Namen Immanuel
(Gott mit uns) geben. Jesaia 7,14

DIE VERKÜNDIGUNG

Ich sehe folgendes: Maria als junges Mädchen, nach ihrem Aussehen zu schließen, höchstens fünfzehn Jahre alt. Maria beginnt leise zu singen und erhebt dann leicht ihre Stimme. Sie geht nicht zu lautem Gesang über. Aber es ist schon eine Stimme, die in der Kammer vibriert und ein Schwingen der Seele wiedergibt.

Der Gesang verwandelt sich in Gebet: „Höchster Herr und Gott, zögere nicht weiterhin, Deinen Diener zu senden, damit er den Frieden auf Erden bringe! Erwecke die Zeit der Gnade und die Jungfrau, fruchtbar und rein für die Ankunft Deines Gesalbten! Vater, heiliger Vater, erlaube Deiner Magd, ihr Leben für diesen Zweck zu opfern! Gestatte mir, erst dann zu sterben, wenn ich Dein Licht und Deine Gerechtigkeit auf Erden gesehen und erkannt habe, dass die Erlösung sich vollzogen hat! O Heiliger Vater, sende der Erde die Sehnsucht der Propheten! Sende Deiner Magd den Erlöser! Möge in der Stunde, in der mein Tag sich dem Ende zuneigt, für mich Deine Wohnstätte sich öffnen, wenn ihre Tore schon geöffnet worden sind von Deinem Gesalbten für alle, die auf Dich gehofft haben! Komm, komm, o Geist des Herrn! Komm zu deinen Gläubigen, die auf Dich warten! Komm, Du Friedensfürst! Maria Valtorta

DER ENGEL DES FRIEDENS

Wir hatten schon ein Weilchen gespielt, als plötzlich, obwohl es sonst ein ruhiger Tag war, ein starker Wind die Bäume schüttelte. Wir blickten nach oben und sahen dann jene Gestalt, von der ich schon erzählte, über den Olivenhain auf uns zukommen: Ein Jüngling von 14 bis 15 Jahren, weißer als der Schnee. Die Sonne machte ihn durchsichtig als wäre er aus Kristall. Er war von großer Schönheit. Als er vor uns stand, sagte er:
Habt keine Angst! Ich bin der Engel des Friedens! Betet mit mir! Auf die Erde niederknieend, beugte er seine Stirn bis zum Boden und ließ uns dreimal diese Worte wiederholen:

Mein Gott, ich glaube an Dich, ich bete Dich an,
ich hoffe auf Dich, ich liebe Dich.
Ich bitte Dich um Verzeihung für jene,
die an Dich nicht glauben,
Dich nicht anbeten, auf Dich nicht hoffen,
und Dich nicht lieben.

Danach sagte er, sich erhebend: So sollt ihr beten, die Herzen Jesu und Mariens erwarten eure flehentlichen Bitten. Die Atmosphäre des Übernatürlichen war so intensiv, dass wir ziemlich lange kaum unseres eigenen Daseins inne wurden. Wir fühlten die Gegenwart Gottes so gewaltig und innerlich, dass wir nicht einmal untereinander zu sprechen wagten.
Längere Zeit danach sahen wir plötzlich vor uns die gleiche Gestalt:
Was macht ihr? Betet, betet viel! Die Herzen Jesu und Mariens haben mit euch Pläne der Barmherzigkeit vor. Bringt dem Allerhöchsten unaufhörlich Gebete und Opfer dar. Wie sollen wir Opfer bringen? – fragte ich. Macht aus allem, was ihr könnt, ein Opfer, um die Sünden gutzumachen, durch die er beleidigt wird und die Bekehrung der Sünder zu erflehen. Gewinnt so für euer Vaterland den Frieden. Ich bin sein Schutzengel, der Engel Portugals. Vor allem nehmt das Leid an und ertragt in Ergebung, was der Herr euch schicken wird.

Ich weiß nicht, wie viele Male wir dieses Gebet wiederholt hatten, als wir über uns ein unbekanntes Licht erstrahlen sahen. Wir richteten uns auf, um zu sehen, was vor sich ging und sahen den Engel. In der linken Hand hielt er einen Kelch; darüber schwebte eine Hostie, aus der einige Blutstropfen in den Kelch fielen. Der Engel ließ den Kelch in der Luft schweben, kniete sich zu uns nieder und ließ uns dreimal wiederholen:

Heiligste Dreifaltigkeit, Vater, Sohn und Heiliger Geist,
(in tiefer Ehrfurcht bete ich Dich an und)
opfere Dir auf den kostbaren Leib und das Blut,
die Seele und die Gottheit Jesu Christi,
gegenwärtig in allen Tabernakeln der Erde,
zur Wiedergutmachung für alle Schmähungen,
Sakrilegien und Gleichgültigkeiten,
durch die er selbst beleidigt wird.
Durch die unendlichen Verdienste Seines Heiligsten Herzens
und des Unbefleckten Herzens Mariens
bitte ich Dich um die Bekehrung der armen Sünder. Amen

Danach erhob er sich, ergriff den Kelch und die Hostie, reichte mir die Heilige Hostie, und teilte das Blut im Kelch zwischen Jacinta und Francisco auf, wobei er sprach: Empfangt den Leib und trinkt das Blut Jesu Christi, der durch die undankbaren Menschen so furchtbar beleidigt wird. Sühnt ihre Sünden und tröstet unseren Gott.
Er kniete sich von neuem auf die Erde, wiederholte mit uns noch dreimal das gleiche Gebet: „Heiligste Dreifaltigkeit“ und verschwand.

Sr.Lucia, Fatima 1916

WEIHE MEINES HAUSES AN MARIA

Allerheiligste Jungfrau Maria,
alles was unter Deine Obhut gestellt wird,
ruht unter den Flügeln der Engel Gottes.
Deshalb weihe ich Dir dieses Haus.
Geruhe es, zu einem Heiligtum zu machen,
einem Ort des Lichtes,
an dem nur Freude, Friede und Liebe herrschen.
Ich vertraue es Deinem mächtigen Schutz
gegen jedes Unheil an und bitte Dich,
es von all demjenigen zu reinigen,
was die Sicherheit und das Heil seiner Bewohner
in Seele und Körper gefährden kann.
Geruhe, diesem Haus die Ausstrahlung
Deiner Gegenwart zu gewähren,
damit die Herzen seiner Bewohner
und derjenigen, die es betreten,
durch einen Strahl von Gottes Licht berührt werden mögen.
Geruhe, es als einen Ort der heiligen Tugend zu bewahren,
so wie das kleine Haus in Nazareth,
wo der Geist von Jesus, Dir und Joseph herrschen,
jede Stunde des Tages und der Nacht,
wo Menschen die Ruhe des Herdes finden
in dem das Feuer der Liebe nie erlischt.
Entferne doch von diesem Haus
jeden bösen Einfluß, der es bedrohen kann,
und geruhe, es mit dem Tau des wahren Glückes zu segnen,
in dem die Seelen zum Vorgarten
von Gottes ewigem Reich erblühen. Amen

Myriam van Nazareth

Maria, Königin des Friedens,
bitte für uns und die ganze Welt! (3mal)

2.Woche 3.Tag

MARIÄ HEIMSUCHUNG

GEIST DER FASSUNGSKRAFT UND EINSICHT

Laß Deinen Geist der Einsicht in mein Nichts eingehen
wie eine glänzende Sonne.
Dein Heiliger Geist der Einsicht
erhelle meinen Geist und erleuchte ihn,
er erwecke in meiner Seele tiefe Sehnsucht
zur innigen Liebe der heiligen Dreieinigkeit.
Bekleide meine Seele mit einem innigen Geist,
damit sie sich der heiligen Dreifaltigkeit
ehrerbietig und dankbar hingebe.
Laß mich meine eigenen Vorstellungen ablegen,
befreie mich von meiner Voreingenommenheit,
meiner Lauheit, meiner Unentschlossenheit
und meinem Ehrgeiz.
Erfülle mich mit der Gnade der Reinheit, Du ewige Freude,
die Du die Früchte vom Baum des Lebens verteilst,
schenke auch mir Deinen Geist, um hineingenommen
in den Liebesbrand der heiligsten Dreifaltigkeit
Dein heiliges Reich zu erben.
Amen

Wir beten den freudenreichen Rosenkranz
in den Anliegen der Muttergottes
und besonders zum Schutz der ungeborenen Kinder

MAGNIFIKAT

Meine Seele preist die Größe des Herrn,
und mein Geist jubelt über Gott, meinen Retter,
Denn auf die Niedrigkeit seiner Magd hat er geschaut.
Siehe, von nun an preisen mich selig alle Geschlechter.
Denn der Mächtige hat Großes an mir getan
und sein Name ist heilig.
Er erbarmt sich von Geschlecht zu Geschlecht
über alle, die Ihn fürchten.
Er vollbringt mit seinem Arm machtvolle Taten:
Er zerstreut, die im Herzen voll Hochmut sind;
Er stürzt die Mächtigen vom Thron
und erhöht die Niedrigen.
Die Hungernden beschenkt er mit seinen Gaben
und lässt die Reichen leer ausgehen.
Er nimmt sich seines Knechtes Israel an
und denkt an sein Erbarmen,
das er unsern Vätern verheißen hat,
Abraham und seinen Nachkommen auf ewig.
Amen

Luk.47-55

ANKUNFT IM HAUS DES ZACHARIAS

Da erkennt sie Maria, hebt ihre Arme mit einem freudigen und erstaunten Ausruf zum Himmel und eilt, so gut sie kann, Maria entgegen. Auch Maria, die sonst in Ihren Bewegungen immer ruhig ist, läuft nun schnell wie ein junges Reh, und erreicht den Treppenabsatz gleichzeitig mit Elisabeth. Maria umarmt mit lebhafter Herzlichkeit Ihre Base, die bei Ihrem Anblick Freudentränen weint. Sie bleiben einen Augenblick umschlungen, dann löst sich Elisabeth von der Umarmung mit einem „Ah!“ von Schmerz und Freude. Elisabeth erhebt ihr Gesicht so strahlend, dass sie ganz verjüngt erscheint; lächelnd und mit einer Ehrfurcht, als erblicke sie einen Engel, verneigt sie sich tief und sagt:

„Du bist gebenedeit unter den Frauen!
Gebenedeit ist die Frucht Deines Leibes!
Wie habe ich es verdient, dass zu mir, Deiner Dienerin,
die Mutter meines Herrn kommt?
Sieh: Beim Ton Deiner Stimme
jubelte das Knäblein in meinem Schoß,
und als ich Dich umarmte hat der Geist des Herrn
erhabene Wahrheiten zu mir gesprochen.
Selig bist Du, weil Du geglaubt hast,
dass bei Gott auch das möglich sei,
was dem menschlichen Verstand unmöglich erscheint!
Gebenedeit bist Du, denn durch Deinen Glauben
lässt Du die Verheissungen in Erfüllung gehen,
die der Herr Dir gegeben und die von den Propheten
für diese Zeit vorausgesagt worden sind!
Gebenedeit bist Du,
weil Du den Nachkommen Jakobs das Heil gebären wirst!
Gebenedeit bist Du,
weil Du meinem Sohn die Heiligkeit gebracht hast;
denn ich fühle, dass er aufhüpft
wie ein fröhliches Zicklein in meinem Schoß;
denn er fühlt sich befreit von der Last der Schuld
und dazu berufen, der Vorläufer zu sein,
der geheiligt ist vor der Erlösung
durch den Heiligen, der in Dir heranwächst!“ Amen

Maria Valtorta

GNADEN, DIE MARIA DEM HAUSE DES ZACHARIAS VERMITTELTE (3)

Die Liebe ist wirksam wie das Feuer, wenn es Brennbares findet. Elisabeth hatte eine Magd, die böswillig, unruhig, jähzornig war und gewohnheitsmäßig fluchte und lästerte und noch anderen Lastern frönte. Sie war gegen ihre Herrschaft gefügig, aber auch dem Satan derart untertan, daß dieser Tyrann sie leicht in jedes Elend und jeden Fehler stürzte. Schon seit 14 Jahren war sie von einer Menge böser Geister besessen, die sie keinen Augenblick verließen, um sie als Beute zu sichern. Nur in der Gegenwart der seligsten Jungfrau zogen sich diese Feinde zurück, weil sie sich durch die Macht Mariä gequält fühlten, die ja den Gott der Stärke im Heiligtume ihres jungfräulichen Schoßes trug. Wenn die grausamen Peiniger sich entfernt hatten, fühlte die Magd ihre bösen Einwirkungen nicht. Der Anblick und Umgang Mariä brachte ihr nach und nach große Gnaden. Darum begann dieses Weib, ihrer Befreierin sehr geneigt und anhänglich zu werden. Sie half ihr mit großer Liebe, bot sich zu ihren Diensten an und war am liebsten in der Nähe Mariä. Sie betrachtete sie mit Ehrfurcht. Neben ihren verkehrten Neigungen hatte sie ein gewisses natürliches Mitleid mit Hilfsbedürftigen und Armen, denen sie gern Gutes tat.

Maria sah und erkannte alle Neigungen dieses Weibes, die Gefahren ihrer Seele und die Bosheit der bösen Geister gegen sie. Darum wandte sie ihr ihre mitleidsvolle, barmherzige Liebe zu. Unsere liebe Frau wußte, daß die Besessenheit eine Strafe für die Sünden dieser Frau war. Sie betete für sie und erlangte ihr Verzeihung, Genesung und das Heil ihrer Seele. Den bösen Geistern befahl sie, dieses Geschöpf freizulassen und nicht mehr zurückzukehren. Sie flohen voll Schrecken, ohne zu wissen, warum die seligste Jungfrau solche Macht besitze.

Maria von Agreda

FATIMA, 13.Mai 1917

Ich spielte mit Francisco und Jacinta auf dem Gipfel des Abhanges der Cova da Iria... Als wir ungefähr in der Mitte des Abhangs waren, fast neben einer großen Eiche, sahen wir wieder einen Blitz und nach einigen Schritten erblickten wir über einer Steineiche eine Dame, ganz in weiß gekleidet, strahlender als die Sonne. Sie verbreitete ein noch helleres Licht als die hellsten Sonnenstrahlen, die durch ein mit Wasser gefülltes Kristallglas scheinen. Überrascht durch diese Erscheinung blieben wir stehen. Wir standen so nahe, dass wir innerhalb des Lichtes blieben, welches Sie umgab, oder das Sie ausstrahlte. Dann sagte unsere liebe Frau:

- „Habt keine Angst, ich tue nichts Böses!" - „Woher kommen Sie?" fragte ich Sie. - „Ich bin vom Himmel! Ich bin gekommen, euch zu bitten, dass ihr in den folgenden sechs Monaten jeweils am dreizehnten zur selben Stunde hierher kommt. Dann werde ich euch sagen, wer ich bin und was ich will. Ich werde danach noch ein siebtes mal hierher zurückkehren..."
- „Wollt ihr euch Gott anbieten, um alle Leiden zu ertragen, die Er euch schicken wird, zur Sühne für alle Sünden, durch die er beleidigt wird und als Bitte für die Bekehrung der Sünder?" - „Ja, wir wollen es!" – „Ihr werdet also viel leiden müssen, aber die Gnade Gottes wird eure Stärke sein!"
- Als Sie diese letzten Worte sagte (die Gnade Gottes usw.), öffnete Sie zum erstenmal die Hände und übermittelte uns ein so starkes Licht, das wie ein Widerschein von Ihren Händen ausging. Es drang uns in die Brust und bis in die Tiefe der Seele und wir erkannten uns selber in Gott, der dieses Licht war, viel klarer, als wir uns im Spiegel sehen konnten. Durch eine innere Anregung, die uns ebenfalls mitgeteilt wurde, fielen wir nun auf die Knie und wiederholten ganz innerlich:
- O Heiligste Dreifaltigkeit, ich bete Dich an. Mein Gott, mein Gott, ich liebe Dich im Heiligsten Sakrament. Nach einigen Augenblicken fügte Unsere Liebe Frau hinzu: - „Betet täglich den Rosenkranz, um den Frieden der Welt und das Ende des Krieges zu erlangen!"

Daraufhin begann Sie sich langsam zu erheben und in Richtung des Sonnenaufgangs aufzusteigen. Das Licht, das sie umgab, schien einen Weg in die Himmelswölbung zu öffnen.

Sr.Lucia

LOBPREIS AN MARIA, DIE UNBEFLECKTE EMPFÄNGNIS

Liebe Mutter Maria, Ewiger Sonnenaufgang,
Trägerin der Wiege des ewigen Lebens,
aus Dir strahlt das heilige Feuer,
unantastbar für die Mächte der Kälte und der Finsternis.

O Mitternachtssonne,
vollkommen frei von der Nacht der Sünde,
Deine Glorie gießt Freuden des Paradieses
in die Herzen Deiner Kinder in der Verbannung.
Wie ein himmlischer Diamant wurde Deine makellose Seele
in den goldenen Tabernakel Deines Leibes gepflanzt,
damit Gottes wunderbare Herrlichkeit durch Dich
in unserer Nacht wie ein schneeweißer Mond leuchten soll.

Auserkorene Tochter von dem,
der ohne Anfang und Ende ist,
in Dir war das Reich des Himmels
von Deiner Empfängnis an vollendet.
Reich mir die Hand auf meiner beschwerlichen Reise
in den Garten der vollkommenen Reinheit.

O Pforte meines Heils,
die dem menschgewordenen Wort Gottes das Fleisch gab,
in Dir strömt das Blut aus der Quelle
der Göttlichen Tugenden.
Wie könnte auch nur die geringste Spur
der Fäulnis im Saft gedeihen,
der das ewige Leben trägt?

Wie lieblich schaust Du auf Dein Kind,
das unter der Last der Erbsünde leidet,
und Erquickung an Deinen reinen Gewässern sucht.
Erhabene Frucht der Heiligsten Dreifaltigkeit,
in Dir starb der Keim von allem Bösen den Hungertod.
In demjenigen, in den Gott
den Tau des Heiligen Geistes als Mantel umlegt,
wird die Finsternis verdammt.
Mystischer Tempel Gottes,
worin Gott und der Mensch EINS werden mussten,
als eine Königin makelloser Schönheit
wanderst Du unspürbar
innerhalb meiner Mauern herum.
Mache doch meinen armen Tempel rein,
damit sein staubiger Boden
Deinen allerreinsten Mantel nicht besudeln möge.
Wie kann das Licht Deiner Heiligkeit
aus dem Fenster eines unreinen Hauses strahlen?
O Himmlische Lilie, möge der Kelch Deiner Blume
mich wie Blütenstaub tragen,
der zu dem Zweck von der Brise
von Gottes Geist verweht wird,
Seelenblumen mit der Kraft des Lebens zu befruchten.
Meine unbefleckte Mutter,
in Dir glänzt die Hoffnung des Neuen Bundes.
In Dir ist der neue Mensch
im Lichtkranz von Gottes Reinheit auferstanden.
In Dir preise ich den Sieg der Liebe über den Tod.
Habe Dank, o Jesus,
für die geistige Nahrung der Heiligen Kommunion,
die in mir einen roten Teppich
zum ewigen Glück entrollen soll. Amen

Myriam van Nazareth

Maria, Königin des Friedens,
bitte für uns und die ganze Welt! (3mal)

2.Woche 4.Tag

CHRISTI GEBURT

GEIST DES RATES UND DER STÄRKE

Du dreimal Heiliger und dreifaltiger Gott,
schenke mir Deinen Geist des Rates,
der mich befähigt, das Gute zu tun alle Tage meines Lebens
und das Böse mit Liebe zu vergelten.
Dein heiliger Geist des Rates gewähre mir die Gnade
der Rechtschaffenheit, Demut, Redlichkeit und Güte.
Schenke mir Deinen Geist der Stärke,
damit ich die Kraft erhalte,
aus dem Glauben geradlinig in Freude und Frieden zu leben.
Dein Heiliger Geist der Stärke helfe mir,
alles zu überwinden, was mich abhält, Dich zu erlangen.
Dein Heiliger Geist der Stärke schenke
mir seine strahlende Kraft Deinen Willen zu tun.
Gewähre mir Deinen Geist der Stärke,
Heiliger und dreifaltiger Gott,
schenke mir Deinen Geist des Rates,
das Gute zu tun alle Tage meines Lebens.
Lehre mich, das Böse mit Liebe zu vergelten,
damit ich mit meiner Hand
den Kelch erfassen kann, den Du mir anbietest. Amen

Wir beten den freudenreichen Rosenkranz
in den Anliegen der Muttergottes
und besonders zum Schutz der ungeborenen Kinder

DIE GEBURT JESU

In jener Gegend lagen Hirten auf freiem Felde und hielten Nachtwache bei ihrer Herde. Da trat der Engel des Herrn zu ihnen, und der Glanz des Himmels umstrahlte sie. Sie fürchteten sich sehr, der Engel aber sagte zu ihnen: Fürchtet euch nicht, denn ich verkünde euch eine große Freude, die dem ganzen Volk zuteil werden soll: Heute ist euch in der Stadt Davids der Retter geboren; er ist der Messias, der Herr. Und das soll euch als Zeichen dienen: Ihr werdet ein Kind finden, das in Windeln gewickelt, in einer Krippe liegt. Und plötzlich war bei dem Engel ein großes himmlisches Heer, das Gott lobte und sprach: Verherrlicht ist Gott in der Höhe, und auf Erden ist Friede bei den Menschen seiner Gnade. Luk.1,8-14

PSALM 72

Verleih dein Richteramt, o Gott, dem König,
dem Königssohn gib Dein gerechtes Walten!
Er regiere Dein Volk in Gerechtigkeit,
und Deine Armen durch rechtes Urteil.
Dann tragen die Berge Frieden für das Volk
und die Höhen Gerechtigkeit.
Er wird Recht verschaffen den Gebeugten im Volk,
Hilfe bringen den Kindern der Armen,
er wird die Unterdrücker zermalmen.
Er soll leben solange die Sonne bleibt und der Mond,
bis zu den fernsten Geschlechtern der Erde.
Die Könige von Tarschisch und von den Inseln
bringen Geschenke,
die Könige von Saba und Seba kommen mit Gaben.
Alle Völker müssen ihm huldigen, alle Völker ihm dienen.
Er lebe, und Gold von Saba soll man ihm geben!
Man soll für ihn allezeit beten, stets für ihn Segen erflehen.

Im Land gebe es Korn in Fülle,
es rausche auf dem Gipfel der Berge.
Sein Name soll ewig bestehn;
solange die Sonne bleibt, sprosse sein Name.
Glücklich preisen sollen ihn alle Völker,
und in ihm sich segnen.
Gepriesen sei der Herr, der Gott Israels,
er allein tut Wunder.
Gepriesen sei sein herrlicher Name in Ewigkeit.
Seine Herrlichkeit erfülle die ganze Erde. Amen, ja Amen.

ANBETUNG DER WEISEN

Die drei Weisen betrachten das Kind, das mir neun bis zwölf Monate alt zu sein schien, so lebhaft und kräftig ist es bereits. Es steht auf dem Schoß der Mutter und lächelt und lallt mit dem Stimmchen eines Vögeleins. Es ist wie seine Mutter ganz in weiß gekleidet und trägt an den Füßchen kleine Sandalen. Seine Bekleidung besteht aus einer ganz kleinen Tunika. Ein wunderbar schönes Gesichtchen mit dunkelblau funkelnden Augen, der Mund bildet bei jedem Lächeln zwei Grübchen, die Löckchen scheinen aus Goldstaub zu sein.
Der Älteste der Weisen spricht für alle. Er erzählt Maria, wie sie in einer Nacht des vergangenen Dezembers gesehen haben, dass sich ein neuer Stern von ungewöhnlichem Glanz am Himmel entzündete. Nie hatten die Himmelskarten dieses Gestirn aufgezeichnet oder von ihm Kunde gegeben.
Sein Name war unbekannt, denn es hatte keinen. Aufgegangen war er aus dem Schoß Gottes, um den Menschen eine segensvolle Wahrheit, ein göttliches Geheimnis zu verkünden. Aber die Menschen hatten nicht darauf geachtet, denn ihre Seelen steckten im Schlamm. Sie erhoben ihren Blick nicht zu Gott und vermochten die Worte nicht zu lesen, die er ihnen – in Ewigkeit sei er darob gepriesen – mit feurigen Sternen ans Himmelsgewölbe geschrieben hatte. Die Stellungen der

Gestirne hatten ihnen den Namen und das Geheimnis des Sternes kundgetan. Sein Name war: „Messias.“ Und sein Geheimnis: „Der Messias ist zur Welt gekommen.“ Zusammen sind sie nach Jerusalem gekommen, weil der Messias der König von Jerusalem, der König der Juden, sein sollte. Aber der Stern hat sich über dem Himmel dieser Stadt verhüllt; sie fühlten ihr Herz brechen und erforschten sich, um zu wissen, ob sie Gottes unwürdig geworden seien. Aber ihr Gewissen hat sie beruhigt, so dass sie sich an König Herodes wandten, um zu erfahren, in welchem Palast der neugeborene König zu finden sei, denn sie seien gekommen, ihn anzubeten. Da hat der König die Obersten der Priester und Schriftgelehrten zusammengerufen und sie gefragt, wo der Messias geboren werden solle. Und sie haben geantwortet: „In Betlehem in Judäa.“

Und als sie die heilige Stadt verlassen hatten, strahlte der Stern am Abend heller denn je. Der ganze Himmel war wie ein Feuermeer. Dann blieb er stehen und hat das ganze Licht der anderen Sterne in seinem Strahlenglanz über diesem Haus vereinigt. So haben sie verstanden, dass das göttliche Kind hier sein musste. Und jetzt beteten sie es an und brachten ihm ihre Geschenke und mehr noch, ihre Herzen dar, die nie aufhören würden, Gott wegen der erwiesenen Gnaden zu preisen und seinen Sohn zu lieben, dessen heilige Menschheit sie gesehen haben. „Und sieh, hier ist Gold, wie es einem König gebührt, hier ist Weihrauch, wie es einem Gott gebührt, und hier, o Mutter, ist Myrrhe; denn Dein Sohn ist Gott, aber auch Mensch. Durch sein Fleisch und sein menschliches Leben wird er Bitterkeit und das unvermeidliche Gesetz des Sterbens erfahren. Aber, o Frau, wenn unsere Zeichen nicht irren, ist Dein Sohn der Erlöser, der Gesalbte Gottes, und deshalb muß er, um die Welt zu retten, die Schuld der Welt auf sich nehmen, zu deren Strafen auch der Tod gehört. Dieser Balsam ist für jene Stunde, damit das Fleisch, das doch heilig ist, keine Verwesung kenne, und seine Unversehrtheit bewahre bis zur Auferstehung.

Maria Valtorta

HYMNOS AKATHISTOS

Sei gegrüßt, Du Stern, der offenbart die Sonne;
Sei gegrüßt, aus Deinem Leib wird Gott der Menschensohn.
Sei gegrüßt, aus Dir wird die Schöpfung neu geboren;
Sei gegrüßt, aus Dir wirkt der Schöpfer ungeboren als Kind.
Amen

FATIMA, 13.JUNI 1917

Nachdem ich mit Jacinta und Francisco und noch einigen Anwesenden den Rosenkranz gebetet hatte, sahen wir von neuem den Lichtschein, der sich näherte (den wir Blitz nannten), und dann Unsere Liebe Frau von der Steineiche, genau wie im Mai.

- Was wünschen Sie von mir? - fragte ich.
- Ich möchte, dass ihr alle Tage den Rosenkranz betet und lesen lernt. Später sage ich euch, was ich möchte.
  Ich bat um die Heilung eines Kranken.
- Wenn er sich bekehrt, wird er innerhalb eines Jahres geheilt werden....
- Ich möchte Sie bitten, uns in den Himmel mitzunehmen.
- Ja! Jacinta und Francisco werde ich bald holen. Du aber bleibst noch einige Zeit hier.
- Jesus möchte sich deiner bedienen, damit die Menschen mich erkennen und lieben. Er möchte auf Erden die Verehrung meines Unbefleckten Herzens begründen.
- Bleibe ich hier allein? fragte ich traurig.
- Nein, mein Kind! Leidest du sehr? Laß dich nicht entmutigen. Niemals werde ich dich verlassen, mein Unbeflecktes Herz wird deine Zuflucht sein und der Weg, der dich zu Gott führen wird.

In dem Augenblick, als Sie diese letzten Worte sagte, öffnete Sie die Hände und übermittelte uns zum zweitenmal den Widerschein dieses unermesslichen Lichtes. Darin sahen wir uns wie in Gott versenkt. Jacinta und Francisco schienen in dem Teil des Lichtes zu stehen, der sich zum Himmel erhob, und ich in dem Teil, der sich über die Erde ergoß. Vor der rechten Handfläche Unserer Lieben Frau befand sich ein Herz, umgeben von Dornen, die es zu durchboren schienen. Wir verstanden, dass dies das Unbefleckte Herz Mariens war, verletzt durch die Sünden der Menschheit, das Sühne wünscht.

Sr.Lucia

LOBPREISUNG UND BITTE AN DIE UNBEFLECKTE EMPFÄNGNIS

O Maria, unbefleckt empfangen,
Himmel und Erde preisen Dich.
O Ozean von Macht, herrsche über unsere Unwürdigkeit.
O Tabernakel von Licht, beschäme alle Finsternis.
O Brunnen von Glorie, besprühe unsere Armseligkeit.
O Herd von göttlichem Feuer,
verbrenne unsere Schwachheit.
O Schatzkammer von Herrlichkeiten,
sei unsere immerwährende Entzückung.
O vollkommene Schönheit,
entwurzele alles Böse auf der Welt.
O Trägerin von vollkommener Weisheit,
enttarne alle Pläne der Feinde Gottes.
Gepriesen sei Maria,
Tochter, Mutter und Braut unseres Gottes,
in Ihrer unbegrenzten Macht
über Engel, Menschen und Teufel
und in Ihrer unerreichbaren Glorie
und Unbefleckten Heiligkeit. Amen

Myriam van Nazareth

Maria, Königin des Friedens,
bitte für uns und die ganze Welt! (3mal)

2.Woche 5.Tag

AUFOPFERUNG IM TEMPEL

GEIST DER FRÖMMIGKEIT

Heiliger Geist, der Du das Leben schenkst,
Heiliger Geist, Dreimal Heiliger,
gewähre mir, in der Liebe zu wachsen,
damit ich Gott erkennen darf
und in sein Reich gelangen kann.
Schenke mir den Geist der Frömmigkeit,
damit ich in den Geist der Heiligen hineinwachse,
meine Gedanken Deine Gedanken werden
und meine Taten Deine Taten,
ganz rein und göttlich.
Heiliger Geist der Frömmigkeit, aus der Gnade Gottes,
lehre mich, der ich so schwach und schlecht bin,
vollkommen zu werden und jede Seite von mir zu zähmen,
damit ich das ewige Leben erlange.
Geist der Frömmigkeit, so herrlich bekleidet,
nähere Dich mir und kleide meinen Geist in Reinheit,
damit auch ich den Augen Gottes gefalle. Amen

Wir beten den freudenreichen Rosenkranz
in den Anliegen der Muttergottes
und besonders für die ungeborenen Kinder

DAS ZEUGNIS DES SIMEON UND DER HANNA ÜBER JESUS

Als acht Tage vorüber waren und das Kind beschnitten werden sollte, gab man ihm den Namen Jesus, den der Engel genannt hatte, noch ehe das Kind im Schoß seiner Mutter empfangen wurde.

Dann kam für sie der Tag der vom Gesetz des Mose vorgeschriebenen Reinigung. Sie brachten das Kind nach Jerusalem hinauf, um es dem Herrn zu weihen, gemäß dem Gesetz des Herrn, in dem es heißt: Jede männliche Erstgeburt soll dem Herrn geweiht sein. Auch wollten sie ihr Opfer darbringen, ein Paar Turteltauben oder zwei junge Tauben.
In Jerusalem lebte damals ein Mann namens Simeon. Er war gerecht und fromm. Jetzt wurde er vom Geist des Herrn in den Tempel geführt. Simeon nahm das Kind in seine Arme und pries Gott mit den Worten:

Nun lässt Du, Herr, Deinen Knecht,
wie Du gesagt hast, in Frieden scheiden,
Denn meine Augen haben das Heil gesehen,
das Du vor allen Völkern bereitet hast;
ein Licht, das die Heiden erleuchtet
und Herrlichkeit für Dein Volk Israel.

Sein Vater und seine Mutter staunten über die Worte, die über Jesus gesagt wurden. Und Simeon segnete sie und sagte zu Maria, der Mutter Jesu: Dieser ist dazu bestimmt, dass in Israel viele durch ihn zu Fall kommen und viele aufgerichtet werden, und er wird ein Zeichen sein, dem widersprochen wird. Dadurch sollen die Gedanken vieler Menschen offenbar werden. Dir selbst aber wird ein Schwert durch die Seele dringen. Damals lebte auch eine Prophetin namens Hanna. Sie hielt sich ständig im Tempel auf und diente Gott Tag und Nacht mit Beten und Fasten. In diesem Augenblick nun trat sie hinzu, pries Gott und sprach über das Kind zu allen, die auf die Erlösung Jerusalems warteten.

Luk 2,21-40

DARBRINGUNG IM TEMPEL

„Sprich Simeon:
Wen trägst Du auf den Armen und freuest dich?
Zu wem erhebst du die Stimme und rufest:
Nun bin ich frei geworden, denn ich sah meinen Erlöser?
Dieser ist es, der aus der Jungfrau Geborene;
dieser ist es, Gott, Gott das Wort,
um unseretwillen Fleisch geworden
und den Menschen erlöst. Ihn wollen wir anbeten!“
„Der eines Wesens ist mit dem Vater auf heiligem Thron,
war auf die Erde gekommen,
von der Jungfrau geboren als Säugling,
der vor allen Zeiten nicht umschrieben werden kann,
ihn nahm Simeon auf die Arme und sprach voller Freude:
Nun entlässest Du, Großmütiger,
Deinen Knecht in Freuden.“ Amen

Hymnen der Ostkirche zum 2.Februar

DARSTELLUNG JESU IM TEMPEL

Maria opfert das Kind, das nun aufgewacht ist und die unschuldigen Äuglein mit dem erstaunten Blick eines nur wenige Tage alten Kindes zum Priester hinwendet. Dieser nimmt es und hebt es mit ausgestreckten und zum Tempel hingewandten Armen empor, während er sich an den altarähnlichen Aufbau lehnt. Der Ritus ist beendet. Das Kind wird der Mutter zurückgegeben und der Priester geht fort.
Neugieriges Volk steht da umher. Zwischen ihm macht sich ein gebeugter, hinkender Greis Platz, der sich auf seinen Stab stützt. Er muß sehr alt sein; ich schätze ihn über achtzig. Er nähert sich Maria und bittet sie, ihm für einen Augenblick den Kleinen zu geben. Lächelnd erfüllt Maria seinen Wunsch.
Simeon nimmt ihn entgegen und küsst Ihn. Jesus lächelt ihm zu. Joseph und Maria lächeln, ebenso wie die Anwesenden, die die Schönheit des Kindes loben.

Ich höre die Worte des heiligen Alten und bemerkte den erstaunten Ausdruck Josephs und die Rührung Marias und der kleinen Menge, die teils erstaunt und bewegt ist, teils bei den Worten des Greises in Gelächter ausbricht.
Das Lächeln Marias verschwindet, und eine starke Blässe tritt in Ihr Antlitz, als Simeon ihr das Leiden ankündigt. Obwohl sie davon weiß, durchbohren die Worte ihre Seele. Maria nähert sich Joseph, um Trost zu finden und drückt in ihrem Schmerz das Kind an die Brust. Wie eine dürstende Seele trinkt sie die Worte der Anna des Phanuels in sich hinein, die sich als Frau ihres Schmerzes erbarmt und ihr verheißt, dass der Ewige ihr die Stunden der Leiden mit übernatürlicher Kraft lindern werde.
„Frau! Dem, der seinem Volk den Erlöser geschenkt hat, wird die Macht nicht fehlen, seinen Engel auszusenden, damit er Dir in Deinem Leid beistehe. Die Hilfe des Herrn hat den großen Frauen Israels nie gefehlt, und Du bist viel größer als Judith und Rachel. Unser Gott wird Dir ein Herz aus lauter Gold geben damit es dem Meer der Schmerzen gewachsen sei; denn Du bist die größte Frau der Schöpfung, die Mutter. Und Du, Kindlein, gedenke meiner in der Stunde Deiner Sendung!“

Maria Valtorta

HYMNOS AKATHISTOS

Sei gegrüßt, durch Dich leuchtet das Heil hervor,
Sei gegrüßt, dunkel wird das Unheil vor Dir.
Sei gegrüßt, den gefallenen Adam richtest Du wieder auf,
Sei gegrüßt, von ihren Tränen erlösest Du Eva,
Sei gegrüßt, allem menschlichen Überlegen
hoch überlegen bist Du;
Sei gegrüßt, so abgrundtief erschauen Dich
die Engel nicht einmal,
Sei gegrüßt, von Uranfang des Friedefürsten Thron;
Sei gegrüßt, denn Du trägst den, der alles erträgt.
Sei gegrüßt, Du jungfräuliche Mutter! Halleluja! Amen

Kurz nachdem wir in der Cova da Iria bei der Steineiche angekommen waren und mit einer großen Volksmenge den Rosenkranz gebetet hatten, sahen wir den gewohnten Lichtschein und bald darauf Unsere Liebe Frau über der Steineiche.
Was wünschen Sie von mir? - fragte ich. Ich möchte, dass ihr am Dreizehnten des kommenden Monats hierherkommt, dass ihr weiterhin jeden Tag den Rosenkranz betet, um den Frieden für die Welt und das Ende des Krieges zu erlangen, denn nur sie allein kann es erreichen.
Ich möchte Sie bitten, uns zu sagen, wer Sie sind und ein Wunder zu tun, damit alle glauben, dass Sie uns erscheinen. Kommt weiterhin jeden Monat hierher! Im Oktober werde ich euch sagen, wer ich bin und was ich wünsche, und werde ein Wunder tun, damit alle glauben. Hier brachte ich einige Bitten vor. Unsere Liebe Frau sagte, man müsse den Rosenkranz beten, um diese Gnaden im Laufe des Jahres zu erlangen. Dann fuhr Sie fort: Opfert euch auf für die Sünder und sagt oft, besonders wenn ihr ein Opfer bringt: O Jesus, das tue ich aus Liebe zu Dir, für die Bekehrung der Sünder und zur Sühne für die Sünden gegen das Unbefleckte Herz Mariens. Bei diesen letzten Worten öffnete sie aufs neue die Hände wie in den zwei vorhergegangenen Monaten. Der Strahl schien die Erde zu durchdringen, und wir sahen gleichsam ein Feuermeer und eingetaucht in dieses Feuer schwammen Teufel, emporgeschleudert von den Flammen, die mit Rauchwolken aus ihnen selbst hervorschlugen. Sie fielen nach allen Seiten wie Funken bei gewaltigen Bränden, ohne Schwere und Gleichgewicht, unter Schreien und Heulen vor Schmerz und Verzweiflung, was uns erbeben und erstarren ließ... Die Teufel unterschieden sich durch die schreckliche und scheußliche Gestalt widerlicher, unbekannter Tiere. Sie waren aber durchscheinend, wie schwarze, glühende Kohle. Erschrocken und wie um Hilfe bittend erhoben wir den Blick zu Unserer Lieben Frau, die voll Güte und Traurigkeit zu uns

sprach: - Ihr habt die Hölle gesehen, wohin die Seelen der armen Sünder kommen. Um sie zu retten, will Gott die Andacht zu meinem Unbefleckten Herzen in der Welt begründen. Wenn man tut, was ich euch sage, werden viele Seelen gerettet werden, und es wird Friede sein. Der Krieg geht seinem Ende entgegen. Wenn man aber nicht aufhört, Gott zu beleidigen, wird unter dem Pontifikat Pius XI. ein anderer, schlimmerer Krieg beginnen. Wenn ihr eine Nacht erhellt seht durch ein unbekanntes Licht, dann wisst, daß dies das große Zeichen ist, das Gott euch gibt, dass er nun die Welt für ihre Missetaten mit Krieg, Hungersnot, Verfolgung der Kirche und des Heiligen Vaters strafen wird. Um das zu verhüten, werde ich kommen und um die Weihe Russlands an mein Unbeflecktes Herz und die Sühnekommunion an den ersten Samstagen bitten. Wenn man auf meine Wünsche hört, wird Russland sich bekehren, und es wird Friede sein; wenn nicht, dann wird es seine Irrlehren über die Welt verbreiten, wird Kriege und Verfolgungen der Kirche heraufbeschwören, die Guten werden gemartert werden und der Heilige Vater wird viel zu leiden haben. Verschiedene Nationen werden vernichtet werden. Am Ende aber wird mein Unbeflecktes Herz triumphieren. Der Heilige Vater wird mir Russland weihen, das sich bekehren wird und eine Zeit des Friedens wird der Welt geschenkt werden. In Portugal wird sich immer das Dogma des Glaubens erhalten... Wenn ihr den Rosenkranz betet, dann sagt nach jedem Gesetz: O mein Jesus, verzeih uns unsere Sünden, bewahre uns vor dem Feuer der Hölle, führe alle Seelen in den Himmel, besonders jene, die Deiner Barmherzigkeit am meisten bedürfen. Amen In gewohnter Weise erhob sie sich in Richtung Osten, bis Sie in der unendlichen Ferne des Firmamentes verschwand.

Sr.Lucia

PSALM 78

Mein Volk, vernimm meine Weisung!
Wendet euer Ohr zu den Worten meines Mundes!
Ich öffne meinen Mund zu einem Spruch;
ich will die Geheimnisse der Vorzeit verkünden.
Was wir hörten und erfuhren, was uns die Väter erzählten,
das wollen wir unseren Kindern nicht verbergen,
sondern dem kommenden Geschlecht erzählen:
die ruhmreichen Taten und die Stärke des Herrn,
die Wunder, die er getan hat.
Er stellte sein Gesetz auf in Jakob,
gab in Israel Weisung und gebot unseren Vätern,
ihre Kinder das alles zu lehren,
damit das kommende Geschlecht davon erfahre,
die Kinder späterer Zeiten; sie sollten aufstehen
und es weitergeben an ihre Kinder,
damit sie ihr Vertrauen auf Gott setzen,
die Taten Gottes nicht vergessen und seine Gebote bewahren
und nicht werden wie ihre Väter,
jenes Geschlecht voll Trotz und Empörung,
das wankelmütige Geschlecht,
dessen Geist nicht treu zu Gott hielt. Amen

BITTGEBET FÜR DIE SEELEN ZU MARIA, DIE UNBEFLECKTE EMPFÄNGNIS

Liebe Mutter Maria,
strahlende Königin im Glanz der ewigen Reinheit,
voll Vertrauen in die Stimme derjenigen,
die ab Ihrer Unbefleckten Empfängnis
bis einschließlich zu Ihrer glorreichen Aufnahme
in den Himmel die höchste Reinheit bewahrt hat,
bitte ich um Deine unfehlbare Fürsprache
beim Lamm Gottes für die Heilung und Rettung
aller kranken und beschmutzten Seelen.
Um jede Menschenseele dem Sumpf der Sünde zu entreißen,
die sie tötet, hat sich das Lamm

durch Deine Hände hinauftragen lassen,
um sein Kreuzesopfer auf Golgotha zu vollziehen.
O Maria, Unbefleckte Himmlische Lilie,
kummervolle Miterlöserin der Menschheit,
wasche alle Seelen in dem erlösenden Blut Jesu.
Um jede Menschenseele
aus der Herrschaft Satans zu befreien,
der sie zum Reich der ewigen Qual
und des Hasses führen will,
läßt sich das Lamm Gottes immer noch täglich
durch Deine Hände auf den Altären aufopfern.
O Maria, Unbefleckte Himmlische Lilie,
kummervolle Miterlöserin der Menschheit,
wasche alle Seelen in dem erlösenden Blut Jesu.
Um die Augen einer jeden Menschenseele
für die Verwüstungen durch das Böse zu öffnen,
und die Herzen für das Versprechen des ewigen Glücks
und der vollkommenen Liebe in Christus zu öffnen,
verlangt das Lamm Gottes
die Opfergabe unserer Gebete durch Deine Hände.
O Maria, Unbefleckte Himmlische Lilie,
kummervolle Miterlöserin der Menschheit,
wasche alle Seelen in dem erlösenden Blut Jesu.
Unbeflecktes Herz Mariä, allerreinste Blume,
höchste Entzückung des Paradieses,
laß Dein Licht der makellosen Heiligkeit
in die Seelen strahlen, so dass sie empfänglich
für das kostbare Blut des Lammes werden.
Durch Deine Hände opfere ich alle irrenden Seelen
zur allerletzten Reinigung auf,
die sie aus der Herrschaft des Bösen befreien soll, damit sie
für ihre Vermählung der Vereinigung mit Jesus Christus
bereit sein sollen, für die sie für alle Zeit bestimmt sind. Amen

Myriam van Nazareth

Maria, Königin des Friedens,
bitte für uns und die ganze Welt! (3mal)

2.Woche 6.Tag

WIEDERFINDUNG JESU IM TEMPEL

HEILIGER GEIST DER FRÖMMIGKEIT,

laß meine Zunge das Reinste
im Dreimal Heiligen Lichte Gottes kosten
und laß sie den verzehren, der gesagt hat:
„Ich bin das Brot des Lebens."
Heiliger Geist des Lebens, Dreimal Heiliger,
erlaube meinem Geist,
im Geist der Frömmigkeit die Vollkommenheit zu erlangen.
Nur so lerne ich in Ehrfurcht das wahrzunehmen,
was wahres Fleisch und wahre Nahrung ist,
was das wahre Blut und der wahre Trank ist,
um im Vater, im Sohn und im Heiligen Geist zu leben,
die drei, aber eins sind in der Einheit des Wesens.
Laß meine Seele sich einsetzen für Deinen Willen,
heilig und erlösend
um im höchsten Maße Deinen Augen wohlzugefallen.
Wenn Dein Geist der Frömmigkeit meine Seele besucht,
forme er mich um, Dir treu und ergeben zu dienen.
Himmlisches Licht meiner Seele,
gib mir die liebende Hingabe Deiner Heiligen,
um Deine Gebote heilig zu leben
und zeige Dich meiner elenden Seele gegenüber gnädig.
Erinnere mich, dass mich das Ewige
in die Nähe des Dreifaltigen Gottes führen wird,
des Ganz-Mächtigen und Ganz-Heiligen,
und von da an nichts Unreines
mehr in mich eindringen kann. Amen

Wir beten den freudenreichen Rosenkranz
in den Anliegen der Muttergottes
und besonders zum Schutz der ungeborenen Kinder

DER ZWÖLFJÄHRIGE JESUS IM TEMPEL

Die Eltern gingen jedes Jahr zum Paschafest nach Jerusalem: Als er zwölf Jahre alt geworden war, zogen sie wieder hinauf, wie es dem Festbrauch entsprach. Nachdem die Festtage zu Ende waren, machten sie sich auf den Heimweg. Der junge Jesus aber blieb in Jerusalem, ohne dass seine Eltern es merkten. Sie meinten, er sei irgendwo in der Pilgergruppe, und reisten eine Tagesstrecke weit; dann suchten sie ihn bei den Verwandten und Bekannten. Als sie ihn nicht fanden, kehrten sie nach Jerusalem zurück und suchten ihn dort. Nach drei Tagen fanden sie ihn im Tempel; er saß mitten unter den Lehrern, hörte ihnen zu und stellte Fragen. Alle, die ihn hörten waren erstaunt über sein Verständnis und seine Antworten. Luk 2,41-47

DIE PRÜFUNG DES VOLLJÄHRIGEN JESUS IM TEMPEL

Joseph stellt Jesus vor. Zuerst haben sich beide tief vor den zehn Gelehrten, die würdig auf niedrigen Holzschemeln sitzen, verneigt. „Hier ist mein Sohn“, sagt Joseph. „Seit drei Monaten und zwölf Tagen hat er das Alter, das das Gesetz für die Großjährigkeit vorschreibt. Ich wünsche aber, dass er auch nach den israelitischen Vorschriften volljährig sei. ...
Er kennt die Gebote, die Überlieferungen, die Beschlüsse und das Brauchtum mit den Schnüren. Er kennt die täglichen Gebete und Segnungen. Er kann, da er das Gesetz als solches und in seinen Verzweigungen die Halacha, der Midrasch und die Haggada kennt, als Mann auftreten. Prüft ihn!“
„Wie ist Dein Name?“ - „Jesus des Joseph von Nazareth.“
„Nazarener, kannst Du lesen?“
„Ja, Rabbi. Ich kann die geschriebenen Wörter lesen und verstehen, was sie aussagen.“ - „Was willst Du damit sagen?“ - „Ich will damit sagen, dass ich auch die Bedeutung der Sinnbilder

oder Symbole verstehe, die sich unter dem Äußeren verbirgt, wie sich die Perle in der rohen, verschlossenen Muschel versteckt."
- „Eine ungewöhnliche und sehr weise Antwort! Selten hört man so etwas von den Lippen Erwachsener, erst recht nicht von denen eines Knaben, und noch dazu eines Nazareners."
Die Aufmerksamkeit der zehn erwacht. „Die Weisheit Gottes hat sich in seinem Herzen niedergelassen."
Sie geben Jesus drei verschiedene Schriftrollen und sagen: „Lies jene, die mit dem goldenen Band verschlossen ist. ...Jedesmal, wenn er den Namen des Herrn nennt, verneigt er sich tief. „Wer hat Dich das gelehrt, warum tust Du das?" – „Weil dieser Name heilig ist, und mit einem inneren und äußeren Zeichen der Ehrfurcht ausgesprochen werden muß. Vor dem König, der nur für kurze Zeit König ist, verneigen sich die Untertanen; und doch ist er nur Staub. Sollte sich da nicht vor dem König der Könige, dem Allerhöchsten Herrn Israels, der gegenwärtig, wenn auch nur dem Geist sichtbar ist, ein jedes Geschöpf verbeugen, das ihm für die ganze Ewigkeit untertan ist?"

Maria Valtorta

PSALM 147

Jerusalem preise den Herrn, lobsinge, Zion, deinem Gott!
Denn er hat die Riegel deiner Tore festgemacht,
die Kinder in deiner Mitte gesegnet;
er verschafft deinen Grenzen Frieden,
und sättigt dich mit bestem Weizen.
Er spendet Schnee wie Wolle, streut den Reif aus wie Asche.
Eis wirft er herab in Brocken,
vor seiner Kälte erstarren die Wasser.
Er sendet sein Wort aus, und sie schmelzen,
er lässt den Wind wehen, dann rieseln die Wasser.
Er verkündet Jakob sein Wort,
Israel seine Gesetze und Rechte.
An keinem andern Volk hat er so gehandelt,
keinem sonst seine Rechte verkündet. Halleluja!
Amen

DAS STREITGESPRÄCH JESU MIT DEN GELEHRTEN IM TEMPEL

Unter den „Doktoren“ befindet sich eine Gruppe, die von einem gewissen Gamaliel angeführt wird, den ein anderer, ein fast blinder Greis, in seinen Ausführungen unterstützt. Dieser Greis wird Hillel genannt. Die Gruppe des Gamaliel hat großzügigere Ansichten, während eine andere Gruppe, die zahlreicher ist und von einem gewissen Schamai geleitet wird, eine enge, heuchlerische und spitzfindige Unnachgiebigkeit vertritt, wie sie im Evangelium so gut geschildert wird. Das lautstarke Gespräch, voller Haarspaltereien, kommt zu keinem Ende. Jeder Lehrer prunkt mit seiner Gelehrtheit.
Aus der Gruppe der Zuhörer ruft eine frische Knabenstimme: “Gamaliel hat recht!“ – „Wer bist Du?“ fragen sie Ihn. „Ein Sohn Israels, der gekommen ist zu erfüllen, was das Gesetz vorschreibt.“ – „Wie heißt Du?“ –

„Jesus von Nazareth.“ – „Worauf gründest Du Deine Sicherheit?“ – „Auf die Prophezeiung, die sich in der Zeitangabe nicht irren kann, und auf die Zeichen, die ihre Verwirklichung begleitet haben...Christus lebt und ist unter euch, und wenn die Zeit gekommen ist, wird er sich in seiner ganzen Macht offenbaren.“...„So spreche ich, und so werde ich reden bis zu meinem Tod; denn über meinem Vorteil steht das Interesse des Herrn und die Liebe zur Wahrheit, deren Sohn ich bin. Und ich füge hinzu, Rabbi, dass die Knechtschaft, von der der Prophet spricht, und von der auch ich spreche, nicht die ist, die du meinst, wie auch das Königtum nicht das sein wird, das du dir vorstellst. Denn durch das Verdienst des Messias wird der Mensch aus der Knechtschaft des Bösen, die von Gott trennt, befreit werden, und das Zeichen Christi wird über den Seelen sein, die, befreit von jeglichem Joch, Untergebene des ewigen Reiches sind. Alle Nationen werden das Haupt beugen, o Geschlecht Davids, vor dem aus dir geborenen Keim, der zum Baum heran wachsen, die ganze Erde bedecken und bis zum Himmel sich erheben wird. Und im Himmel und auf Erden werden alle Stimmen seinen Namen loben, und jedes Knie wird sich beugen vor dem Gesalbten des Herrn, dem Friedensfürsten, der aus sich selbst jede müde Seele belebt und jede hungrige Seele sättigt; dem Heiligen, der einen Bund zwischen Himmel und Erde schließt; nicht einen Bund, wie den mit den Vätern Israels, als Gott sie von Ägypten befreite und sie noch als Knechte behandelte; er wird seine himmlische Vaterschaft in den Geist der Menschen prägen, durch die neu fließende Gnade auf Grund der Verdienste des Erlösers, durch den alle Guten den Herrn kennen werden. Das Heiligtum Gottes wird nicht mehr abgebrochen oder zerstört werden.“

Maria Valtorta

HYMNOS AKATHISTOS

Sei gegrüßt, der geheimnisvolle Ratschluß ist Dir anvertraut;
Sei gegrüßt, Vertrauende, da es des Schweigens bedarf.
Sei gegrüßt, der Wunder Christi bist Du der Anbeginn;
Sei gegrüßt, der Inbegriff von allen Lehren bist Du.
Sei gegrüßt, Himmelsleiter, darauf Gott herniederstieg;
Sei gegrüßt, unsere Brücke von der Erde zum Himmelreich.
Sei gegrüßt, von den Engeln
wieder und wieder erwogenes Wunder;
Sei gegrüßt, für die Widersacher heillose Wunde. Amen

FATIMA

19.August 1917 – Betet, betet viel und bringt Opfer für die Sünder, denn viele Seelen kommen in die Hölle, weil sich niemand für sie opfert und für sie betet.
13.September 1917 - Zahlreiche Leute, sogar vornehme Damen und Herren drängten sich durch die Menge hindurch, die uns umgab. Sie warfen sich vor uns auf die Knie und baten uns, Unserer Lieben Frau ihre Anliegen vorzutragen. ..
Wenn ich jetzt im Neuen Testament die wunderbaren Dinge lese, die sich ereigneten, als der Heiland durch Palästina wanderte, erinnere ich mich dieser Ereignisse, die ich als kleines Kind auf den armseligen Wegen und Straßen von Aljustrel und Fatima und zur Cova da Iria erleben durfte. Ich danke Gott und opfere Ihm den Glauben unseres guten Volkes auf.
13.Oktober – Auf dem Weg die Szenen des vergangenen Monats, aber noch zahlreicher und bewegender. Nicht einmal der Schlamm auf den Wegen konnte diese Leute aufhalten, sich in demütiger und bittender Haltung niederzuknieen. Wir kamen in der Cova da Iria bei der Steineiche an und unter einer inneren Eingebung bat ich das Volk, die Regenschirme zu schließen, um den Rosenkranz zu beten. Kurz darauf sahen wir den Lichtschein und dann Unsere Liebe Frau über der Steineiche. – „Was wünschen Sie von mir?“ – „Ich möchte dir sagen, dass

hier eine Kapelle zu meiner Ehre gebaut werden soll. Ich bin Unsere Liebe Frau vom Rosenkranz. Man soll weiterhin täglich den Rosenkranz beten. Der Krieg geht zu Ende, und die Soldaten werden in Kürze nach Hause zurückkehren. – Man soll Gott unseren Herrn nicht mehr beleidigen, der schon so sehr beleidigt worden ist. Sie öffnete die Hände und ließ sie im Sonnenschein erstrahlen. Während Sie sich erhob, strahlte Ihr Licht in der Sonne wider.
Nachdem Unsere Liebe Frau in der unendlichen Ferne des Firmamentes verschwunden war, sahen wir dann neben der Sonne den heiligen Joseph mit dem Jesuskind und Unsere Liebe Frau in Weiß gekleidet mit einem blauen Mantel. Der heilige Joseph mit dem Jesuskind schien die Welt mit einer Handbewegung in Kreuzesform zu segnen.... Sr.Lucia

BITTGEBET ZU MARIA UM DEN WELTFRIEDEN

Liebe Mutter Maria, Friedenskönigin,
voller Vertrauen zu Deiner Macht
bitte ich um Deine Vermittlung
für die Bewahrung und Wiederherstellung des Weltfriedens.

Rufe das kostbare Blut Jesu auf alle Seelen herab,
damit der Geist jeglichen Unfriedens gebannt
und jegliche Macht,
die dem göttlichen Heilsplan zuwider wirkt und
das ewige Licht zu löschen versucht, zerbrochen werde.

Schütte doch Deine heiligen Tränen
über sämtliche Herzen aus,
damit sie rein gewaschen werden
von jeglichem Geist der Irreführung,
der Versuchung und der Unruhe und von jeglichem Einfluß,
der das Kreuz aus den Seelen vertreiben will.

Rufe doch die Ergießung des Heiligen Geistes
auf alle Seelen herab,
damit der Geist der wahren Liebe,
und der Einheit in jedem Herzen herrschen möge
und sämtliche Seelen den Weg der Wahrheit
und des Friedens Christi finden mögen.

Schicke Gottes Engel in die Welt herab,
damit sie jeglichen Geist des Hasses,
der Eifersucht und des Materialismus ausrotten
und die Seelen, Geister, Herzen und Körper
vor jeglicher Handlung schützen,
die finstere Kräfte gegen sie zu richten versuchen.

O Allerheiligste Jungfrau Maria,
Miterlöserin und Schrecken der Dämonen,
ich opfere Dir sämtliche Gebete, Leiden und Opfer
der ganzen Menschheit auf
für den endgültigen Sieg des Kreuzes Christi
in ALLEN HERZEN
und den Triumph Deines Unbefleckten Herzens,
damit Gottes Reich des himmlischen Friedens
JETZT in der ganzen Welt gegründet werden möge.
„O Maria, Friedenskönigin,
heile sämtliche Seelen
von jeglichem Haß und jeglicher Verblendung.
Befreie unsere Welt von Krieg und Kriegsdrohung. (3mal)
Amen

Myriam van Nazareth

Maria, Königin des Friedens,

bitte für uns und die ganze Welt! (3mal)

2.Woche 7.Tag

DIE HOCHZEIT VON KANA

GEIST DER GOTTESFURCHT

Heiliger Geist der Gottesfurcht, züchtige mich,
damit ich Deinen Namen heilig halte.
Lehre mich, mich zu verneigen,
damit ich Deine Stimme hören kann und Deine Absichten,
Deine Wünsche und Deinen Willen erfahre.
Lass mich meine Stimme nur laut werden
zum Lobe Deiner glorreichen Gegenwart.
Lass mich mein Haupt nur stolz erheben
auf der Suche nach Dir und dem Himmlischen.
Schenke mir die sieben Gaben Deines Heiligen Geistes.
Lehre mich Zucht und Maß,
Klugheit, Gerechtigkeit und Stärke. Amen

Wir beten den lichtreichen Rosenkranz
in den Anliegen der Muttergottes
und besonders für die ungeborenen Kinder

DIE HOCHZEIT IN KANA ALS ZEICHEN

Am dritten Tag fand in Kana in Galiläa eine Hochzeit statt, und die Mutter Jesu war dabei. Auch Jesus und seine Jünger waren zur Hochzeit eingeladen. Als der Wein ausging, sagte die Mutter Jesu zu ihm: Sie haben keinen Wein mehr. Jesus erwiderte ihr: Was willst Du von mir, Frau? Meine Stunde ist noch nicht gekommen. Seine Mutter sagte zu den Dienern: Was er euch sagt, das tut! Es standen dort sechs steinerne Wasserkrüge, wie es der Reinigungsvorschrift der Juden entsprach; jeder fasste ungefähr hundert Liter. Jesus sagte zu den Dienern. Füllt die Krüge mit Wasser! Und sie füllten sie bis zum Rand. Er sagte

zu ihnen: Schöpft jetzt, und bringt es dem, der für das Festmahl verantwortlich ist. Sie brachten es ihm.
Er kostete das Wasser, das zu Wein geworden war. Er wusste nicht, woher der Wein kam; die Diener aber, die das Wasser geschöpft hatten, wussten es. Da ließ er den Bräutigam rufen und sagte zu ihm: Jeder setzt zuerst den guten Wein vor und erst wenn die Gäste zuviel getrunken haben, den weniger guten. Du jedoch hast den guten Wein bis jetzt zurückgehalten.
So tat Jesus sein erstes Zeichen, in Kana in Galiläa, und offenbarte seine Herrlichkeit, und seine Jünger glaubten an ihn.

Joh 2, 1-11

DIE HOCHZEIT ZU KANA

Die Trauung geschah vor der Synagoge durch die Priester. Die Ringe, die sie wechselten, hatte der Bräutigam von der Mutter Gottes zum Geschenk erhalten und Jesus hatte sie bei seiner Mutter gesegnet. Als die Brautleute nach dem Festhaus zurückgekehrt waren, empfing sie Jesus daselbst. Vor dem Hochzeitsmahl sah ich alle wieder im Lustgarten versammelt. In einem Lusthaus aber hatte Jesus selbst für die Männer ein wundervolles Spiel zubereitet.
Es war aber in diesem von Jesus geordneten Spiel etwas ganz Wunderbares und mehr als Zufälliges, denn das Los, das jedem Spielenden zufiel, war ganz bedeutend auf seine Eigenschaften, Fehler und Tugenden, und Jesus legte sein Los nach der Zusammenstellung der Früchte aus.
Der Bräutigam Nathanael aber gewann eine ganz wunderbare Frucht. Es waren deren zwei an einem Stiel, mit getrennten Geschlechtern wie der Hanf. Jesus sprach dazu von der Ehe und Keuschheit und von der hundertfältigen Frucht der Keuschheit. Ich sah den Bräutigam innerlich bewegt werden und dass wie eine dunkle, menschliche Gestalt, wie ein Schatten von den Füßen nach oben von ihm ausging und verschwand und dass er hernach viel heller, reiner und durchsichtig im Vergleich mit vorher erschien.

Im selben Augenblick aber sah ich die Braut wie ohnmächtig werden und es löste sich auch von ihr eine dunkle Schattenfigur ab. Ich sah hier auch die Muttergottes mitwirkend an der Vertreibung jener dunklen Gestalt. Die wunderbare Wirkung dieser Frucht zeigte sich, als der Bräutigam der Braut einen Teil hingeschickt und beide davon gegessen hatten. Die Braut war nachher ganz bleich, aber durch und durch hell und rein.
Es ist ein übernatürliches Geheimnis in allen Früchten und Kräutern, das aber seit dem Fall der Menschen und der Natur mit ihm ein natürliches Geheimnis geworden, von dessen früherem Inhalt nur noch ein Begriff übrig ist. Die Frucht, die das Brautpaar genossen, hatte sich auf die Keuschheit bezogen. Und die Gestalt, die von ihnen wich, war die fleischliche, unreine Begierde.
Ich sah später den Bräutigam noch allein zu Jesus kommen und mit ihm sehr demütig sprechen, er wolle gern mit seiner Braut in Enthaltung leben, so sie es ihm gestatte.
Und auch die Braut kam allein zu Jesus und sagte den gleichen Wunsch. Da rief Jesus beide zusammen und sprach mit ihnen von der Ehe und von der gottgefälligen Reinheit und den hundertfältigen Früchten des Geistes. Er sprach von vielen Propheten und heiligen Leuten, die keusch gelebt und dem himmlischen Vater ihr Fleisch geopfert, und wie sie viele verlorene Menschen, die sie zum Guten zurückgeführt, gleich geistlichen Kindern gewonnen hätten und wie ihre Nachkommenschaft groß und heilig sei. Darauf taten sie ein Gelübde der Enthaltsamkeit, auf drei Jahre wie Bruder und Schwester zu leben. Und sie knieten vor Jesus hin und er segnete sie.

Anna Katharina Emmerich

HYMNOS AKATHISTOS

Sei gegrüßt, Du Brautgemach
des unversehrten Verlöbnisses;
Sei gegrüßt, die sich ihm vertrauen,
die vertraust Du dem Herrn.
Sei gegrüßt, Du keusches Leitbild der Heranwachsenden;
Sei gegrüßt, bräutlich geleitest Du heilige Seelen.
Amen

FATIMA, 13.JULI 1917

Drittes Geheimnis: Wir haben links von Unserer Lieben Frau etwas oberhalb einen Engel gesehen, der ein Feuerschwert in der linken Hand hielt; es sprühte Funken, Flammen gingen von ihm aus, als sollten sie die Welt anzünden; doch die Flammen verlöschten, als sie mit dem Glanz in Berührung kamen, den Unsere Liebe Frau von ihrer rechten Hand auf ihn ausströmte: den Engel, der mit der rechten Hand auf die Erde zeigte und mit lauter Stimme rief:
Buße, Buße, Buße! Und wir sahen in einem ungeheuren Licht, das Gott ist, >etwas, das aussieht wie Personen in einem Spiegel, wenn sie davor vorübergehen> einen in weiß gekleideten Bischof, >wir hatten die Ahnung, dass es der Heilige Vater war>. Verschiedene andere Bischöfe, Priester, Ordensmänner und Ordensfrauen einen steilen Berg hinaufsteigen, auf dessen Gipfel sich ein großes Kreuz befand aus rohen Stämmen wie aus Korkeiche mit Rinde. Bevor er dort ankam, ging der Heilige Vater durch eine große Stadt, die halb zerstört war, und halb zitternd, mit wankendem Schritt, von Schmerz und Sorge gedrückt, betete er für die Seelen der Leichen, denen er auf seinem Weg begegnete. Am Berg angekommen, kniete er zu Füßen des großen Kreuzes nieder. Da wurde er von einer Gruppe von Soldaten getötet, die mit Feuerwaffen und Pfeilen auf ihn schossen. Genauso starben nach und nach die Bischöfe,

Priester, Ordensleute und verschiedene weltliche Personen, Männer und Frauen unterschiedlicher Klassen und Positionen. Unter den beiden Armen des Kreuzes waren zwei Engel, ein jeder hatte eine Gießkanne aus Kristall in der Hand. Darin sammelten sie das Blut der Märtyrer auf und tränkten damit die Seelen, die sich Gott näherten. Sr.Lucia

SIEBEN AVE MARIA FÜR EIN HEILIGES LEBEN

Liebe Mutter Maria,
weil Dir als Mittlerin aller Gnaden
alle Macht über Gottes heiligmachende Gaben
gewährt worden ist, bitte ich Dich:

Aufgrund der Verdienste Deines Jawortes,
als Dich der Engel fragte,
ob Du die Mutter des Messias sein wolltest, geruhe,
mir die Gnade eines Lebens in totaler Weihe an Dich
zu Diensten von Gottes Heilsplan
für die Seelen zu erwirken.
Gegrüßet seist Du...

Aufgrund der Verdienste
Deiner ewigen Jungfräulichkeit geruhe,
mir die Gnade einer vollkommenen Keuschheit zu erwirken.
Gegrüßet seist Du...

Aufgrund der Verdienste
Deiner vollkommenen Liebe erwirke mir
doch die Gnade der Fähigkeit
zu einer bedingungslosen, reinen Liebe zu Gott
und zu meinen Mitgeschöpfen
in Selbstaufopferung und Dienstbarkeit.
Gegrüßet seist Du...

Aufgrund der Verdienste
Deiner ewigen Sündenlosigkeit geruhe,
mir die Gnade eines großen Widerstandes
gegen jegliche Versuchung und
Deines Schutzes vor jeglicher Sünde,
Verirrung und Täuschung zu erwirken.
Gegrüßet seist Du...

Aufgrund der Verdienste als die schmerzensreiche Mutter
erwirke mir doch die Gnade einer großen Fähigkeit,
sämtliche Prüfungen und Kreuze des Lebens
in Hinnahme, Liebe und Hingabe zu tragen.
Gegrüßet seist Du...

Aufgrund der Verdienste
Deines unerschütterlichen Glaubens an die Allmacht Gottes
erwirke mir doch die Gnade eines großen Glaubens
an die Unfehlbarkeit der göttlichen Vorsehung
in allem, was auf meinen Lebensweg kommt.
Gegrüßet seist Du...

Aufgrund der Verdienste deines Lebens
im Geist der Engel erwirke mir doch
die Gnade der Fähigkeit, die vielen Einflüsse der Welt
auf meine Seele, meine Gefühle, meine Gedanken
und meine Wünsche unwirksam zu machen
und in das göttliche Leben hineinzutreten. Amen
Gegrüßet seist Du...

Myriam van Nazareth

Maria, Königin des Friedens,
bitte für uns und die ganze Welt! (3mal!)

3.Woche

JESUS CHRISTUS, ERLÖSER DER WELT

1.Tag

DAS LETZTE ABENDMAHL

Heilger Geist, entzünde mich, Feuer Du, verzehre mich,
Heilger Geist, entzünde mich, zum wahren Weg führe mich.
Heilger Geist, reinige mich, Liebesfeuer, brenne mich,
Heilger Geist, reinige mich, in Jesus vermähle mich.
Heilger Geist, bestärke mich, Liebe Gottes, heile mich,
Heilger Geist, bestärke mich, o Geist, erneuere mich.
Heilger Geist, hauch mich an, Liebe Jesu, fülle mich,
Heilger Geist, hauch mich an, das wahre Glück schenke mir.
Sel.Miriam von Abellin

Wir beten den lichtreichen Rosenkranz
in den Anliegen der Muttergottes
und besonders für die ungeborenen Kinder

DAS MAHL

Als es Abend wurde, begab er sich mit den zwölf Jüngern zu Tisch. Und während sie aßen, sprach er: Amen, ich sage euch: Einer von euch wird mich verraten und ausliefern. Da waren sie sehr betroffen, und einer nach dem andern fragte ihn: Bin ich es etwa, Herr? Er antwortete: Der, der die Hand mit mir in die Schüssel getaucht hat, wird mich verraten. Der Menschensohn muß zwar seinen Weg gehen, wie die Schrift sagt. Doch weh dem Menschen, durch den der Menschensohn verraten wird. Für ihn wäre es besser, wenn er nie geboren wäre. Da fragte Judas, der ihn verriet: Bin ich es etwa, Rabbi? Jesus sagte zu ihm: Du sagst es.
Während des Mahls nahm Jesus das Brot und sprach den Lobpreis; dann brach er das Brot, reichte es den Jüngern und sagte: Nehmt und eßt; das ist mein Leib. Dann nahm er den

Kelch, sprach das Dankgebet und reichte ihn den Jüngern mit den Worten: Trinkt alle daraus; das ist mein Blut, das Blut des Bundes, das für viele vergossen wird zur Vergebung der Sünden. Ich sage euch: Von jetzt an werde ich nicht mehr von der Frucht des Weinstocks trinken, bis zu dem Tag, an dem ich mit euch von Neuem davon trinke im Reich meines Vaters.

Matth 26, 20-29

EINSETZUNG DES HEILIGEN SAKRAMENTES

Er wurde unter diesen Handlungen immer inniger und sagte: er wolle ihnen nun alles geben, was er habe, sich selbst; da war es, als gösse er sich ganz aus in Liebe, und ich sah ihn ganz durchsichtig werden; er war wie ein leuchtender Schatten.

Er brach aber in dieser Innigkeit betend das Brot in die vorgeritzten Bissen, danach brach er mit den Fingerspitzen ein wenig und ließ es in den Kelch fallen.

In demselben Augenblicke, da er dieses tat, hatte ich ein Bild, als empfange die Heilige Jungfrau das Sakrament geistlicherweise, obschon sie hier nicht anwesend war. Ich weiß nicht, wie ich dieses sah, aber es war mir, als sehe ich sie vom Eingang zur offenen Seite des Tisches heranschweben und dem Herrn gegenüber das Sakrament empfangen; dann sah ich sie nicht mehr. Er betete und lehrte noch; alle seine Worte gingen wie Feuer und Licht aus seinem Munde in die Apostel ein, außer in Judas. Nun aber nahm er die Platte mit den Bissen, von der ich nicht mehr bestimmt weiß, ob er sie auf den Kelch gestellt hatte, und sprach: „Nehmet hin und esset, das ist mein Leib, der für euch gegeben wird.“ Dabei bewegte er seine Rechte wie segnend darüber; und als er dieses tat, ging ein Glanz von ihm aus, seine Worte waren leuchtend, und ebenso das Brot, das wie ein Lichtkörper in den Mund der Apostel stürzte; es war, als fließe er selbst in sie hinein; ich sah alle wie von Licht durchdrungen, nur Judas sah ich finster. Zuerst reichte er es Petrus, dann dem Johannes; nun winkte er dem Judas, der ihm schräg gegenüber saß, zu nahen; er war der dritte, welchem er das heilige Sakrament reichte. Aber es war, als wiche sein Wort von dem Munde des Verräters zurück. Ich war so entsetzt, dass ich nicht mehr genau sagen kann, was ich dabei empfand. Jesus aber sagte zu ihm: „Was du tun willst, das tue bald." Jesus fuhr fort, den Aposteln das heilige Sakrament zu reichen; sie nahten paarweise, und einer hielt dem anderen eine kleine steife, weiß gesäumte Decke unter, die über dem Kelch gelegen hatte.

Anna Katharina Emmerich

TAGEBUCH DER SR. FAUSTYNA

O ewige, unbegreifliche Liebe,
ich bitte Dich um eine Gnade.
Erleuchte meinen Verstand mit dem Licht vom Himmel,
laß mich den Wert aller Dinge erkennen
und sie nach ihrem Wert schätzen.
Meiner Seele größte Freude ist das Erkennen der Wahrheit.
Amen

Donnerstag. – Während dieser Gebetsstunde erlaubte mir Jesus, den Abendmahlssaal zu betreten und ich erlebte alles, was dort geschah. Am tiefsten wurde ich von dem Moment ergriffen, in welchem Jesus seine Augen zum Himmel erhob und in ein geheimnisvolles Gespräch mit seinem Vater einging. Diesen Augenblick werden wir erst in der Ewigkeit richtig kennenlernen. Seine Augen waren wie zwei Flammen, das Antlitz erglüht, weiß wie Schnee, die ganze Gestalt voller Herrlichkeit, seine Seele in Sehnsucht. Im Augenblick der Wandlung ruhte die erfüllte Liebe – das Opfer war in ganzer Fülle vollzogen. Jetzt soll nur noch die äußere Zeremonie des Sterbens erfüllt werden – die äußere Verrichtung, das Wesentliche geschah im Abendmahlssaal. Mein ganzes Leben lang hatte ich keine so tiefe Erkenntnis dieses Geheimnisses, wie in dieser Anbetungsstunde. O, wie sehnsüchtig wünsche ich, dass die ganze Welt dieses unergründliche Geheimnis erkennt.

Hl. Sr. Faustyna

EUCHARISTISCHER HYMNUS

Der ganze Mensch erschauere, die ganze Welt erbebe,
und der Himmel juble,
wenn auf dem Altar in der Hand des Priesters
Christus, der Sohn des lebendigen Gottes ist.
O wunderbare Hoheit und staunenswerte Herablassung!
O erhabene Demut! O demütige Erhabenheit,
dass der Herr des Alls,
Gott und Gottes Sohn, sich so erniedrigt,
daß er sich zu unserem Heil
unter der anspruchslosen Gestalt des Brotes verbirgt!
Seht, Brüder, die Demut Gottes
und schüttet vor ihm eure Herzen aus!
Demütigt auch ihr euch, damit ihr von ihm erhöht werdet!
Behaltet darum nichts von euch für euch zurück,
damit euch als Ganze aufnehme, der sich euch ganz hingibt!
Amen Hl. Franziskus

TAGEBUCH DER SR.FAUSTYNA

Oft sehe ich während der heiligen Messe den Herrn in meiner Seele. Ich spüre seinen göttlichen Blick, ich rede viel mit Ihm, ohne ein Wort zu sprechen, ich weiß, wonach Sein Göttliches Herz verlangt und erfülle stets das, was Ihm besser gefällt. Ich liebe bis hin zum Wahnsinn und fühle, dass ich von Gott geliebt bin. In Augenblicken, da ich Gott in meinem Inneren begegne, fühle ich mich so glücklich, daß ich es kaum sagen kann. Es sind kurze Momente, denn die Seele könnte es nicht länger ertragen, sie müsste sich vom Leib trennen. Obwohl die Augenblicke sehr kurz sind, verbleibt ihre Kraft, die der Seele zuteil wird, sehr lange. Ohne mich anzustrengen, empfinde ich tiefe Sammlung, die mich in solchen Momenten ergreift; sie verringert sich nicht, wenn ich mit Menschen rede und stört mich nicht beim Verrichten meiner Arbeit. Ich spüre seine stete Gegenwart, ohne dass die Seele Anstrengungen unternimmt; ich spüre, dass ich mit Gott so innig verbunden bin, wie sich ein Wassertropfen mit dem Ozean verbindet.

Heute morgen kam eine Jungfrau zu mir – die heilige Barbara. Sie empfahl mir, neun Tage lang die heilige Kommunion für mein Land aufzuopfern, um damit Gottes Zorn zu besänftigen. Diese Jungfrau hatte eine Sternenkrone und in der Hand ein Schwert. Der Glanz der Krone und des Schwertes waren gleich. Ihr Kleid war weiß, die Haare fielen herab. Sie war so schön, dass ich gedacht hätte, es sei die Heiligste Jungfrau – hätte ich sie nicht schon gekannt. Jetzt weiß ich, dass alle Jungfrauen sich durch besondere Schönheit auszeichnen; sie strahlen eine einzigartige Schönheit aus. Hl. Sr. Faustyna

PSALM 15

Herr, wer darf Gast sein in Deinem Heiligen Zelt,
wer darf weilen auf Deinem Heiligen Berg?
Der makellos lebt und das Rechte tut;
der von Herzen die Wahrheit sagt
und mit seiner Zunge nicht verleumdet;
der seinem Freund nichts Böses antut
und seinen Nächsten nicht schmäht;
der den Verworfenen verachtet, doch alle,
die den Herrn fürchten, in Ehren hält;
der sein Versprechen nicht ändert,
das er seinem Nächsten geschworen hat;
der sein Geld nicht auf Wucher ausleiht
und nicht zum Nachteil des Schuldlosen
Bestechung annimmt. Amen

GEBET DER SELBSTHINGABE AN JESUS NACH DER HEILIGEN KOMMUNION

O, mein Jesus, Du kennst das Chaos, das in mir herrscht.
Du kennst den Krieg, der in mir wütet.
Du kennst die Stürme, die in mir toben.
Aber du kennst auch meine Sehnsucht
nach dem endgültigen Sieg des Lichtes in mir.
Komm doch herein in mein Herz,
und schenke mir Klarheit, Frieden und Ruhe,
so dass ich die Früchte für Gottes Reich
auf Erden tragen möge.
„O Maria, ich gebe Dir meinen Willen.
Nur eins verlange ich selber noch:
Ein Leben in vollkommener Heiligkeit zu führen,
und beharrliche, inbrünstige Liebe zu Dir
und zur ganzen Schöpfung zu empfinden. Amen“
Myriam van Nazareth

Maria, Königin des Friedens,
bitte für uns und die ganze Welt! (3mal)

3.Woche 2.Tag

JESUS AM ÖLBERG

Sprich, Heiliger Geist, und erwecke
aus meinem Herzen einen sprudelnden Quell,
dessen reines, heilendes Wasser den größten Sünder errettet,
dem hoffnungslos Kranken die Augen öffnet
und ihn auf diese Weise heilt,
dessen Wasser zum göttlichen Ursprung zurückkehrt
und so dem Schuldigsten vergibt.
Um dieses Wasser bitte ich Dich,
denn schlechter geht es mir als Maria von Magdala,
als Lazarus im Grab und der Samariterin;
weiß ich doch um seine kostbare Gabe;
je größer die Gunst, die Du gewährst,
desto größer wird Deine Herrlichkeit.
Ein lebendes Schilfrohr bin ich,
komm, stütze mich Kraftlosen.
Meinem Wankelmut mache ein Ende,
ich bin unbeständiger als der Wind.
Blind geboren bin ich, vertreibe Du meine Unwissenheit. Amen
Hl. Ludwig Maria Grignon von Montfort

Wir beten den schmerzhaften Rosenkranz
in den Anliegen der Muttergottes
und besonders zum Schutz der ungeborenen Kinder

DER GANG ZUM ÖLBERG

Nach dem Lobgesang gingen sie zum Ölberg hinaus. Da sagte Jesus zu ihnen: Ihr alle werdet in dieser Nacht an mir Anstoß nehmen und zu Fall kommen; denn in der Schrift steht: Ich werde den Hirten erschlagen, dann werden sich die Schafe der Herde zerstreuen. Aber nach meiner Auferstehung werde ich euch nach Galiläa vorausgehen.

DAS GEBET IN GETSEMANI

Darauf kam Jesus mit den Jüngern zu einem Grundstück, das man Getsemani nennt, und sagte zu ihnen: Setzt euch und wartet hier, während ich dort bete. Und er nahm Petrus und die beiden Söhne des Zebedäus mit sich. Da ergriff ihn Angst und Traurigkeit, und er sagte zu ihnen: Meine Seele ist zu Tode betrübt. Bleibt hier und wacht mit mir! Und er ging ein Stück weiter, warf sich zu Boden und betete: Mein Vater, wenn es möglich ist, gehe dieser Kelch an mir vorüber. Aber nicht wie ich will, sondern wie Du willst. Und er ging zu den Jüngern zurück und fand sie schlafend. Da sagte er zu Petrus: Konntet ihr nicht einmal eine Stunde mit mir wachen? Wacht und betet, damit ihr nicht in Versuchung geratet. Der Geist ist willig, aber das Fleisch ist schwach. Dann ging er zum zweitenmal weg und betete: Mein Vater, wenn dieser Kelch nicht an mir vorübergehen kann, ohne dass ich ihn trinke, geschehe Dein Wille. Als er zurückkam, fand er sie wieder schlafend, denn die Augen waren ihnen zugefallen. Und er ging wieder von ihnen weg und betete zum drittenmal mit den gleichen Worten. Danach kehrte er zu den Jüngern zurück und sagte zu ihnen: Schlaft ihr immer noch und ruht euch aus? Die Stunde ist gekommen; jetzt wird der Menschensohn den Sündern ausgeliefert. Steht auf, wir wollen gehen! Seht, der Verräter, der mich ausliefert, ist da.

Matth 26,30-32, 36-46

JESUS AM ÖLBERGE

Als Jesus in die Höhle zurückgekommen war und alle seine Trauer mit ihm, warf er sich mit ausgebreiteten Armen auf sein Angesicht nieder und betete zu seinem himmlischen Vater. Es ging aber nun ein neuer Kampf vor seiner Seele vorüber, welcher dreiviertel Stunden währte. Es traten Engel zu ihm und zeigten ihm die Aufgabe und den Umfang des genugtuenden Leidens in einer großen Reihe von Anschauungen. Sie zeigten die ganze Herrlichkeit des Menschen als des Ebenbildes Gottes vor dem Sündenfall, und seine ganze Entstellung und Versunkenheit nach dem Sündenfall. Sie zeigten die Abkunft jeder Sünde, und Bedeutung und Wesen aller Sündenlust und deren schrecklichen Bezug auf Seelenkräfte und Glieder der Menschen, und ebenso Wesen und Bedeutung aller der Sündenlust entgegengesetzten strafenden Peinen. Sie zeigten im genugtuenden Leiden erstens ein Leiden an Leib und Seele, hinreichend, die Strafe der göttlichen Gerechtigkeit für alle Sündenlust der ganzen Menschheit durch Pein zu vollziehen.

Dann zeigten die Engel ein Leiden an, das, um genugtuend zu sein, die Schuld der ganzen Menschheit, der heiligsten Menschheit des Sohnes Gottes, strafte, der nun, um aller Menschen Schuld und Strafe aus Liebe auf sich zu nehmen, auch den Sieg über den menschlichen Widerwillen gegen Leiden und Sterben erkämpfen musste.

Anna Katharina Emmerich

O gütiger Jesus, ich danke Dir für die große Gnade,
dass Du mir zu erkennen gibst, was ich aus mir selbst bin,
Elend und Sünde, nichts darüber hinaus.
Eines nur kann ich aus mir selbst,
Dich beleidigen, o mein Gott,
denn das Elend kann allein
aus sich selber nichts anderes tun,
als Dich, unendliche Güte, zu beleidigen. Amen

Eines Tages bat man mich um das Gebet für eine bestimmte Seele. Sofort beschloß ich, eine Novene zur göttlichen Barmherzigkeit abzuhalten. Ich fügte noch eine Abtötung hinzu, und zwar, während der Heiligen Messe an beiden Füßen die Kette zu tragen. Drei Tage lang übte ich mich schon darin. Als ich zur Beichte ging und meinem geistigen Vater sagte, dass ich mit vermuteter Erlaubnis diese Abtötung begann, dachte ich, der geistige Vater hätte nichts dagegen. Ich hörte jedoch das Gegenteil. Ohne Erlaubnis sollte ich nichts selber unternehmen. O mein Jesus, wieder mein Eigenwille, doch ich will mich durch meine Fehler nicht entmutigen lassen, ich weiß zur Genüge, dass ich ein Elend bin. Um meiner Gesundheit willen hatte ich keine Erlaubnis erhalten und der geistige Vater war verwundert, dass ich mir ohne seine Einwilligung größere Abtötungen auferlegte. Ich tat Abbitte für meinen Eigenwillen, ehe dafür, dass ich mich nach einer vermuteten Erlaubnis gerichtet hatte und bat, mir dafür etwas anderes aufzuerlegen. Der geistige Vater änderte die Abtötung ab in eine innere, und zwar sollte ich während der Heiligen Messe überlegen, weshalb Jesus die Taufe angenommen hat. Dieses Nachsinnen war für mich keine Abtötung, denn an Gott zu denken ist Wonne, nicht Abtötung. Aber es war eine Abtötung des Willens; ich tat nicht, was mir gefällt, sondern wozu ich angewiesen wurde und darin besteht die innere Abtötung. Als ich den Beichtstuhl verließ und mit dem Bußgebet begann, hörte ich die Worte: „Dieser Seele habe ich die Gnade erteilt, um welche Du mich für sie gebeten hast. Jedoch nicht der Bußübung wegen, die du selbst erwählt hattest, sondern wegen des vollkommenen Gehorsamaktes Meinem Stellvertreter gegenüber gab ich der Seele, für die du dich bei mir eingesetzt und um Barmherzigkeit gebettelt hast, die Gnade. Wisse, wenn du den eigenen Willen in dir abtötest, herrscht in dir mein Wille."

O mein Jesus, habe Geduld mit mir,
ich will in Zukunft achtsamer sein.
Ich will mich nicht auf mich selbst stützen,
sondern auf Deine Gnade und Güte,
die zu mir, Elender, so groß ist. Amen

In jeder Seele soll sich meine Barmherzigkeit widerspiegeln, besonders in einer Ordensseele. Mein Herz ist von Mitleid und Barmherzigkeit für alle erfüllt. Das Herz meiner Braut muß meinem Herzen ähnlich sein. Aus ihrem Herzen muß die Quelle meiner Barmherzigkeit für die Seelen sprudeln, sonst bekenne ich mich nicht zu ihr. Mein Herz ist überfüllt von großer Barmherzigkeit für die Seelen, besonders für die armen Sünder. Könnten sie doch nur verstehen, dass ich für sie der beste Vater bin; für sie sind aus meinem Herzen Blut und Wasser geflossen wie aus einer Quelle, die mit Barmherzigkeit überfüllt ist. Für sie wohne ich im Tabernakel; als König der Barmherzigkeit will ich die Seelen mit Gnaden beschenken, doch sie wollen sie nicht annehmen. Komme wenigstens du so oft wie möglich zu Mir und nimm die Gnaden entgegen, die andere nicht haben wollen und du wirst dadurch mein Herz trösten.

Hl.Sr.Faustyna

PSALM 22

Mein Gott, mein Gott, warum hast Du mich verlassen,
bist fern dem Schreien meiner Klage?
Mein Gott, ich rufe bei Tag, doch Du gibst keine Antwort;
ich rufe bei Nacht und finde doch keine Ruhe.
Aber Du bist heilig, Du thronst über dem Lobpreis Israels.
Dir haben unsere Väter vertraut, sie haben vertraut,
und Du hast sie gerettet.
Zu Dir riefen sie und wurden befreit,
Dir vertrauten Sie und wurden nicht zuschanden.
Ich aber bin ein Wurm und kein Mensch,
der Leute Spott, vom Volk verachtet.
Alle, die mich sehen, verlachen mich,
verziehen die Lippen und schütteln den Kopf:
Er wälze die Last auf den Herrn, der soll ihn befreien!
Der reiße ihn heraus, wenn er an ihm Gefallen hat.
Du bist es, der mich aus dem Schoß meiner Mutter zog,
mich barg an der Brust meiner Mutter.
Von Geburt an bin ich hingeworfen auf Dich,
vom Mutterleib an bist Du mein Gott!
Sei mir nicht fern, denn die Not ist nahe
und niemand ist da, der hilft.
Viele Stiere umgeben mich,
Büffel von Baschan umringen mich.
Sie sperren gegen mich ihren Rachen auf,
reißende, brüllende Löwen.
Ich bin hingeschüttet wie Wasser,
gelöst haben sich all meine Glieder.
Mein Herz ist in meinem Leib wie Wachs zerflossen.
Meine Kehle ist trocken wie eine Scherbe,
die Zunge klebt mir am Gaumen,
Du legst mich in den Staub des Todes.
Viele Hunde umlagern mich,
eine Rotte von Bösen umkreist mich.

Sie durchbohren mir Hände und Füße.
Man kann all meine Knochen zählen,
sie gaffen und weiden sich an mir.
Sie verteilen unter sich meine Kleider
und werfen das Los um mein Gewand.
Du aber, Herr, halte Dich nicht fern,
Du, meine Stärke, eil mir zu Hilfe!
Amen

SELBSTAUFOPFERUNG
IM KELCH DES HERZENS MARIENS

O Maria, mächtige Herrin der Seelen
und Miterlöserin der Menschheit,
lass alle meine Leiden, Kreuze und Prüfungen
und die ganze Liebe,
mit der ich diese für Dich trage,
in den Kelch Deines Herzens überfließen
und geruhe, sie in der Einheit
mit dem Leib und dem Blut Christi aufzuopfern,
damit Sein Reich auf Erden gegründet werden kann.
Amen

Myriam van Nazareth

Maria, Königin des Friedens,
bitte für uns und die ganze Welt! (3mal)

3.Woche 3.Tag

DIE HEILIGE GEISSELUNG

Komm, den meine leidende Seele ersehnt hat und ersehnt!
Komm, Alleiniger zum Alleinigen,
denn allein bin ich, wie Du siehst!
Komm der mich ausgesondert hat aus allen
und mich allein gemacht hat auf der Erde!
Komm, der Du die Sehnsucht selbst in mir geworden
und mich geschaffen hast Dich in mich zu ersehnen
– den gänzlich Unzugänglichen!
Komm, mein Atem und mein Leben!
Komm, Trost meiner niedergeschlagenen Seele!
Komm, meine Freude,
Herrlichkeit und immerwährende Wonne!
Ich danke Dir, dass Du ein Geist mit mir geworden bist,
unvermischt, ungewandelt, unverändert, Gott über allem,
und mir selber alles in allem geworden bist:
Nahrung unaussprechlich und ganz unentgeltlich,
immer überfließend ausgegossen den Lippen meiner Seele
und übersprudelnd in der Quelle meines Herzens;
Gewand blitzstrahlend und niederflammend die Dämonen;
Reinigung, mich waschend
durch unverdorbene und heilige Tränen,
die Deine Gegenwart, zu wem Du kommst, schenkt. Amen
Hymnus Simeons des Neuen Theologen

Wir beten den schmerzhaften Rosenkranz
in den Anliegen der Muttergottes
und besonders für die ungeborenen Kinder

DAS VERHÖR UND DIE VERURTEILUNG DURCH PILATUS

Von Kajaphas brachten sie Jesus zum Prätorium; es war früh am Morgen. Sie selbst gingen nicht in das Gebäude hinein, um nicht unrein zu werden, sondern das Paschalamm essen zu können. Deshalb kam Pilatus zu ihm heraus und fragte: Welche Anklage erhebt ihr gegen diesen Menschen? Sie antworteten ihm: Wenn er kein Übeltäter wäre, hätten wir ihn dir nicht ausgeliefert. Pilatus sagte zu ihnen: Nehmt ihr ihn doch, und richtet ihn nach eurem Gesetz! Die Juden antworteten ihm: Uns ist es nicht gestattet, jemand hinzurichten. So sollte sich das Wort Jesu erfüllen, mit dem er angedeutet hatte, auf welche Weise er sterben werde. Pilatus ging wieder in das Prätorium hinein, ließ Jesus rufen und fragte ihn: Bist Du der König der Juden? Jesus antwortete: Mein Königtum ist nicht von dieser Welt. Wenn es von dieser Welt wäre, würden meine Leute kämpfen, damit ich den Juden nicht ausgeliefert würde. Aber mein Königtum ist nicht von hier. Pilatus sagte zu ihm: Also bist Du doch ein König? Jesus antwortete: Du sagst es, ich bin ein König. Ich bin dazu geboren und dazu in die Welt gekommen, dass ich für die Wahrheit Zeugnis ablege. Jeder, der aus der Wahrheit ist, hört auf meine Stimme. Pilatus sagte zu ihm: Was ist Wahrheit?

Nachdem er das gesagt hatte, ging er wieder zu den Juden hinaus und sagte zu ihnen: Ich finde keinen Grund, ihn zu verurteilen. Ihr seid gewohnt, dass ich euch am Paschafest einen Gefangenen freilasse. Wollt ihr, dass ich euch den König der Juden freilasse? Da schrien sie wieder: Nicht diesen, sondern Barabbas! Barabbas aber war ein Straßenräuber. Darauf ließ Pilatus Jesus geißeln. Joh 18,28-19,1

GEBET UM BEFREIUNG VON SCHULD DER VORFAHREN

Ewiger Vater! Du bist der alleinige und unsterbliche Gott,
der Gott, der die Liebe, der barmherzig und gütig ist.
Schau auf Deinen eingeborenen Sohn Jesus Christus
und habe Erbarmen. Ich opfere Dir die Schmerzen
Seiner Geißelung an der Säule, Seine Wunden und Sein Blut
auf für all die Deinen, die unter der Last der Flüche leben
infolge der Sünden ihrer Vorfahren und deren Ungehorsam,
wegen des Brechens des Bundes, den sie mit Dir schlossen.
Mögest Du uns befreien
durch die Geißelung Deines Sohnes,
heile uns durch Seine Wunden
und rette uns durch sein kostbares Blut. Amen
Kostbares Blut Jesu Christi, befreie uns von Flüchen.
Heilige Wunden Jesu Christi – heilt unsere Wunden.
Durch seine Geißelung – besiegele uns! Amen.

Barnabas Nwoye

DIE GEISSELUNG JESU

Wie wütende Hunde tobten die Geißler mit ihren Hieben, und einer hatte eine feinere Rute in der linken Hand und zerpeitschte ihm sein Antlitz damit. Es war keine heile Stelle mehr am Leibe des Herrn, er sah die Geißler mit seinen bluterfüllten Augen an und flehte um Erbarmen, aber sie wüteten um so ärger, und Jesus jammerte immer leise: „wehe!“ Die fürchterliche Geißelung hatte wohl an dreiviertel Stunden gewährt, als ein fremder und geringer Mann schrie: „Haltet ein, schlaget den unschuldigen Menschen nicht ganz tot!“ und da hielten die trunkenen Büttel stutzend ein, und jeder schnitt in Eile, wie mit einem Schnitte, die Stricke Jesu los. Jesus aber sank mit seinem ganzen blutenden Leibe am Fuße der Säule wie ohnmächtig in den Kreis seines Blutes nieder. Die Geißelknechte ließen ihn liegen, sie tranken,

und riefen den Henkerbuben zu, die im Wachthaus beschäftigt waren, die Dornenkrone zu flechten.
Ich sah aber mehrmals während der Geißelung, als erschienen trauernde Engel um Jesus, und ich hörte sein Gebet, wie er unter dem Hagel der bitteren schimpflichen Pein sich fortwährend ganz seinem Vater für die Sünden der Menschen hingab. Jetzt aber, da er in seinem Blute an der Säule lag, sah ich einen Engel, der ihn erquickte, es war, als gäbe er ihm einen leuchtenden Bissen.
Nun nahten die Schergen wieder und stießen ihn mit Füßen, er solle aufstehen, sie seien noch nicht fertig mit dem Könige, sie schlugen auch nach ihm, und Jesus kroch nach seiner Gürtelbunde, die an der Seite lag, und die verruchten Buben stießen dieselbe hohnlachend mit den Füßen hin und her, so dass der arme Jesus sich mühsam in blutiger Nacktheit am Boden, wie ein zertretener Wurm hinwenden musste, seinen Gürtel zu erreichen und seine zerrissenen Lenden zu verhüllen. Dann trieben sie ihn mit Fußtritten und Schlägen auf die wankenden Füße, und ließen ihm nicht Zeit, seinen Rock anzuziehen...
Ich sah die heilige Jungfrau während der Geißelung unseres Erlösers in ständiger Entrückung, sie sah und erlitt alles, was ihrem Sohne geschah, innerlich mit unaussprechlicher Liebe und Pein. Oft brachen leise Klagetöne aus ihrem Munde, ihre Augen waren entzündet von Thränen.

Anna Katharina Emmerich

PSALM 14

Die Toren sagen in ihrem Herzen: „Es gibt keinen Gott.“
Sie handeln verwerflich und schnöde;
da ist keiner, der Gutes tut.
Der Herr blickt vom Himmel herab auf die Menschen,
ob noch ein Verständiger da ist, der Gott sucht.
Alle sind sie abtrünnig und verdorben,
keiner tut Gutes, auch nicht ein Einziger.
Haben denn all die Übeltäter keine Einsicht?
Sie verschlingen mein Volk.
Sie essen das Brot des Herrn,
doch seinen Namen rufen sie nicht an.
Es trifft sie Furcht und Schrecken;
denn Gott steht auf der Seite der Gerechten.
Die Pläne der Armen wollt ihr vereiteln,
doch ihre Zuflucht ist der Herr.
Ach käme doch Hilfe für Israel!
Wenn einst der Herr das Geschick seines Volkes wendet,
dann jubelt Jakob, dann freut sich Israel.
Amen

TAGEBUCH DER SR.FAUSTYNA

Beichtvater: „Du gehst durch das Leben mit der Gottesmutter, die jeder Eingebung Gottes treu gefolgt ist.“ O mein Jesus, wende ab von mir alle Gedanken, die mit Deinem Willen nicht übereinstimmen. Ich erkenne, dass mich, außer dem Werk der Barmherzigkeit, nichts mehr mit dieser Erde verbindet.
Donnerstag. Am Abend, während der Anbetung, erblickte ich den gegeißelten und gemarterten Herrn, der mir sagte: „Meine Tochter, ich wünsche, dass Du in den kleinsten Dingen vom Beichtvater abhängig bleibst. Deine größten Opfer finden bei mir kein Wohlgefallen, wenn du sie ohne Erlaubnis des Beichtvaters darbringst, und umgekehrt, das kleinste Opfer hat in meinen Augen großen Wert, wenn es mit Erlaubnis des Beichtvaters geschieht. Die größten Werke sind in meinen

Augen bedeutungslos, wenn sie eigenwillig vollbracht werden; sie sind oft nicht im Einklang mit meinem Willen und verdienen eher Strafe als Belohnung. Deine geringste Tat wiederum, mit der Erlaubnis des Beichtvaters, ist in meinen Augen lieb und mir außerordentlich teuer. Festige dich darin für immer, wache ständig, denn die ganze Hölle strengt sich gegen dich an wegen dieses Werkes. Viele Seelen werden sich von den Pforten der Hölle abwenden und Meine Barmherzigkeit preisen. Aber fürchte nichts, denn ich bin mit dir. Wisse, dass du aus dir selbst nichts vermagst.“ ...

„Wisse, Meine Tochter, dass zwischen mir und dir ein unergründlicher Abgrund ist, der den Schöpfer vom Geschöpf trennt, doch dieser Abgrund wird durch Meine Barmherzigkeit ausgeglichen. Ich erhebe dich zu mir nicht, weil ich dich brauche, aber ich beschenke dich lediglich aus Barmherzigkeit mit der Gnade der Vereinigung.“

„Sage den Seelen, sie sollen in ihrem eigenen Herzen keinen Damm gegen meine Barmherzigkeit aufstellen, denn sie will in ihnen wirken. Meine Barmherzigkeit wirkt in allen Herzen, die ihre Tür für sie öffnen. Wie der Sünder, so benötigt auch der Gerechte Meine Barmherzigkeit.“

„Seelen, die nach Vollkommenheit streben, sollten meine Barmherzigkeit besonders preisen, denn die Fülle der Gnaden, die ich ihnen erteile, fließt aus meiner Barmherzigkeit. Ich wünsche, dass diese Seelen sich mit unbegrenztem Vertrauen auf meine Barmherzigkeit auszeichnen. Ich selbst befasse mich mit der Heiligung solcher Seelen; Ich lasse ihnen alles zukommen, was sie zu ihrer Heiligkeit benötigen. Aus meiner Barmherzigkeit schöpft man Gnaden mit nur einem Gefäß – und das ist das Vertrauen. Je mehr eine Seele vertraut, um so mehr bekommt sie. Seelen, die unbegrenzt vertrauen, sind mir eine große Freude, denn in solche Seelen gieße ich alle meine Gnadenschätze. Es freut mich, dass sie viel verlangen, denn es ist mein Wunsch, viel zu geben, und zwar sehr viel. Es betrübt mich dagegen, wenn die Seelen wenig verlangen und ihr Herz verengen.“ Hl.Sr.Faustyna

STURMGEBET AN DIE MACHT MARIAS
FÜR EINE BEKEHRUNG

Maria, allermächtigste Königin des Himmels und der Erde,
durch Deine unbefleckte Empfängnis,
o mächtige Herrin der Engel,
mögest Du alle Werke Satans
in dieser Seele unwirksam machen.
Durch Deine Gnadenfülle und
Deine unüberwindliche Macht,
o Herrscherin aller Seelen,
zertrete unter Deinen Füßen alle finsteren Mächte,
die diese Seele zu ihren Sklaven gemacht haben.
Durch Deine vollkommene Heiligkeit,
o Trägerin göttlichen Lebens,
erwecke in dieser Seele das Verlangen nach der Tugend.
O höchsterhabene Herrin aller Seelen, dieses bittend
lege ich mein Herz in die Herzen aller Engel,
die Dir dienen und Dich preisen in alle Ewigkeit. Amen

Myriam van Nazareth

Maria, Königin des Friedens,
bitte für uns und die ganze Welt! (3x)

DIE HEILIGE DORNENKRÖNUNG

O Jesus, wir wissen, dass Du gütig warst
und dass Du für uns Dein Herz gegeben hast.
Es ist gekrönt mit der Dornenkrone und mit unseren Sünden.
Wir wissen, dass Du auch heute für uns betest,
dass wir nicht fallen.
Jesus, steh uns bei, wenn wir sündigen.
Durch Dein heiligstes Herz gib,
dass wir einander alle lieben.
Es soll keinen Haß mehr unter den Menschen geben.
Zeige Deine Liebe! Wir lieben Dich alle und wünschen,
dass Du uns durch Dein Hirtenherz vor der Sünde beschützt.
Komm in jedes Herz, Jesus!
Klopfe, klopfe an unsere Herzen.
Sei geduldig und unermüdlich.
Wir haben Deinen Willen noch nicht richtig begriffen
und sind verschlossen.
Klopfe beständig und gib,
dass wir unsere Herzen Dir öffnen, wenigstens dann,
wenn wir uns an Deine Leiden erinnern,
die Du für uns erlitten hast.
Amen.

Wir beten den schmerzhaften Rosenkranz
in den Anliegen der Muttergottes
und zum Schutz der ungeborenen Kinder

DAS VERHÖR VOR DEM HOHEN RAT

Nach der Verhaftung führte man Jesus zum Hohenpriester Kajaphas, bei dem sich die Schriftgelehrten und Ältesten versammelt hatten. Petrus folgte Jesus von weitem bis zum Hof des hohepriesterlichen Palastes; er ging in den Hof hinein und setzte sich zu den Dienern, um zu sehen, wie alles ausgehen würde.

Die Hohenpriester und der ganze Rat bemühten sich um falsche Zeugenaussagen gegen Jesus, um ihn zum Tod verurteilen zu können. Sie erreichten aber nichts, obwohl viele falsche Zeugen auftraten. Zuletzt kamen zwei Männer und behaupteten: Er hat gesagt: Ich kann den Tempel Gottes niederreißen und in drei Tagen wiederaufbauen. Da stand der Hohepriester auf und fragte Jesus: Willst Du nichts sagen zu dem, was diese Leute gegen Dich vorbringen? Jesus aber schwieg. Darauf sagte der Hohepriester zu ihm: Ich beschwöre Dich bei dem lebendigen Gott, sag uns: Bist Du der Messias, der Sohn Gottes? Jesus antwortete: Du hast es gesagt. Doch ich erkläre euch: Von nun an werdet ihr den Menschensohn zur Rechten der Macht sitzen und auf den Wolken des Himmels kommen sehen. Da zerriß der Hohepriester sein Gewand und rief: Er hat Gott gelästert! Wozu brauchen wir noch Zeugen? Jetzt habt ihr die Gotteslästerung gehört. Was ist eure Meinung? Sie antworteten: Er ist schuldig und muß sterben.

Dann spuckten sie ihm ins Gesicht und schlugen ihn. Andere ohrfeigten ihn und riefen: Messias, Du bist doch ein Prophet! Sag uns, wer hat Dich geschlagen? Matth 26,57-67

Möge das kostbare Blut, das vom Heiligsten Haupt
unseres Herrn Jesus Christus,
dem Sitz der göttlichen Weisheit,
dem Tabernakel der göttlichen Wissenschaft,
dem Glanz des Himmels und der Erde herabströmt,
uns bedecken, jetzt und in Ewigkeit. Amen

Barnabas Nwoye

JESU DORNENKRÖNUNG UND VERSPOTTUNG

Sie rissen Jesu abermals alle Kleidung von seinem verwundeten Leibe und legten ihm einen alten, roten, zerrissenen, kurzen Soldatenmantel um, der nicht bis an die Knie reichte. Es hingen hie und da Fetzen von gelben Quasten daran. Er lag in einem Winkel der Schergenkammer, und sie pflegten ihn den gegeißelten Verbrechern umzuthun, entweder das Blut darin zu trocknen, oder sie zu verspotten. Nun schleppten sie Jesum zu dem mit Scherben und Steinen bedeckten Stuhl, und stießen ihn mit dem verwundeten, entblößten Leibe heftig darauf nieder. Sie setzten ihm sodann die Dornenkrone auf. Sie war ein paar Hand hoch, und dicht und künstlich geflochten, und hatte oben einen vorstehenden Rand. Sie legten sie ihm wie eine Binde um die Stirne und banden sie hinten fest zusammen, da bildete sie einen Kronenhut. Sie war aus drei fingerdicken, im Dickicht grad aufgeschossenen Dornzweigen künstlich geflochten und die Dornen mit Absicht meistens einwärts gedreht. Es waren dreierlei Stechdornen, solcher Art, wie man bei uns Kreuzdorn, Schlehdorn und Hagedorn hat. Oben hatten die Kronflechter einen vorstehenden Rand von einem Dorn, wie bei uns die Brombeeren angeflochten, bei welchem sie die Krone anfassten und zerrten. Ich habe die Gegend gesehen, wo die Buben die Dornen geholt haben. – Sie gaben ihm ein dickes Schilfrohr in die Hand mit einem Busche oben. Alles das thaten sie mit einer höhnenden Feierlichkeit, als krönten sie ihn wirklich zum König. Sie nahmen ihm das Rohr aus der Hand, schlugen heftig auf die Krone damit, das Blut füllte seine Augen; Sie knieten vor ihm nieder, streckten die Zunge vor ihm aus, schlugen und spieen ihm in das Angesicht und schrieen: „Sei gegrüßt, Du König der Juden!“ Sie warfen ihn unter Hohngelächter auf dem Stuhle um, und stießen ihn wieder von neuem darauf.

Ich vermag alle die niederträchtigen Erfindungen dieser Buben, den armen Heiland zu verhöhnen, nicht zu wiederholen. – Ach! er dürstete so entsetzlich, denn er hatte ein Wundfieber von der Zerfleischung durch die unmenschliche Geißelung, er zitterte, das Fleisch in den Seiten war hie und da bis auf die Rippen zerrissen, seine Zunge war krampfhaft zusammengezogen, nur das niederrinnende Heilige Blut seines Hauptes erbarmte sich seines glühenden Mundes, der schmachtend geöffnet war. Die schrecklichen Menschen aber nahmen seinen Mund als ein Ziel ihres ekelhaften Auswurfes. So wurde Jesus etwa eine halbe Stunde misshandelt, und die Kohorte, welche das Prätorium in Reih` und Glied umgeben hatte, lachte und jauchzte dazu.

ECCE HOMO

Als der arme Jesus unten an der Treppe vor Pilatus anlangte, ergriff diesen grausamen Menschen selbst ein Schauer von Mitleid und Ekel, er lehnte sich auf einen seiner Offiziere, und da das Volk und die Offiziere noch immer lärmten und höhnten, rief er aus: „Wenn der Juden Teufel so grausam ist, so kann man nicht bei ihm in der Hölle wohnen.“ Als nun Jesus mühselig die Treppe hinaufgerissen worden war und im Hintergrunde stand, ging Pilatus hervor auf die Terrasse, und es wurde auf einer Posaune geblasen, um Aufmerksamkeit zu erregen, weil Pilatus reden wollte; „Sehet, ich lasse ihn nun nochmals heraus zu euch führen, damit ihr erkennet, daß ich keine Schuld an ihm finde!“

Jesus ward nun von den Schergen auf die Terrasse neben Pilatus hervorgeführt, so dass alles Volk vom Forum aus ihn sehen konnte. – Es war ein furchtbarer, herzzerreißender Anblick, der anfangs Grauen und eine dumpfe Stille erregte, als die entsetzliche Erscheinung des Sohnes Gottes voll Blut unter der schrecklichen Dornenkrone hervor die Blicke seiner blutigen Augen auf die Wogen des Volkes wendete, und Pilatus neben ihn tretend auf ihn hindeutete und zu den Juden herab rief: „Sehet, hier ist dieser Mensch!“

Anna Katharina Emmerich

Heute, während der Passion, erblickte ich den geschundenen Jesus mit der Dornenkrone, in der Hand ein Stück Schilfrohr. Jesus schwieg und die Söldner bemühten sich um die Wette, Ihn zu quälen. Jesus sagte nichts, Er schaute nur auf mich. In diesem Blick spürte ich seine so fürchterliche Qual. Wir können kaum erahnen, was Jesus für uns noch vor der Kreuzigung erlitten hat. Meine Seele ist voller Schmerz und Sehnsucht.
In meiner Seele verspürte ich großen Haß gegen die Sünde und meine kleinste Untreue kommt mir vor wie ein riesiger Berg. Ich sühne durch Abtötungen und durch Buße. Wenn ich den geschundenen Jesus sehe, will mir das Herz zerreißen und ich denke, was mit Sündern geschehen wird, wenn sie die Leiden Jesu nicht für sich nutzen. In seinem Leiden sehe ich ein ganzes Meer von Barmherzigkeit.

Hl.Sr.Faustyna

Allmächtiger und allwissender Gott,
Gott des Elija und der Propheten,
schau auf das Heiligste Haupt
Deines eingeborenen Sohnes und habe Erbarmen.
Erhebe Dich und rette Dein Volk.
Ich opfere Dir all die Schmach, die Leiden,
die Wunden und das kostbare Blut
des Heiligsten Hauptes Deines Sohnes auf
für all Deine Kinder, die in diesen gefährlichen Zeiten leben.
Durch die Verhöhnung Deines Sohnes
Jesus Christus stärke unseren Glauben
und rette uns durch das kostbare Blut
Seines Heiligsten Hauptes.
Mögen wir durch die Leiden Deines Sohnes lernen,
in Dir zu leiden und in Dir zu sterben. Amen
Heilige Martern Jesu Christi – vermehrt unseren Glauben.
Amen. Barnabas Nwoye

STURMGEBET ZU MARIA, HERRIN ÜBER JEDE FINSTERE KRAFT

O Maria, himmlische Königin
und Herrin über alles Geschaffene,
der Gott die Fülle der Macht über sämtliche Teufel
und über jegliche finstere Kraft verliehen hat,
bedrängten Herzens liefere ich Dir mein ganzes Wesen aus.
O unbefleckte Empfängnis,
zerbrich in mir jegliche Versuchung.
O Miterlöserin mit Christus,
reinige mich von jeder Spur der Sünde.
O Schrecken der Teufel, ich flehe Dich an,
Deine furchterregende Macht auszuüben
über jede finstere Kraft, die mich bedroht.

Allermächtigste Herrin, ich flehe Dich an,
befiehl den Teufeln, die mich bedrohen,
mich entmutigen, mich im Geist beunruhigen,
mir jeglichen Frieden des Herzens nehmen,
mich lähmen in den Fallen der Angst,
der Furcht und jeglicher düsterer Stimmungen
und mich zur Sünde und zum Laster führen,
sich zu Deinen Füßen niederzuwerfen,
um von Dir bestraft und erniedrigt zu werden.
Befiehl ihnen, Deine Macht über sie zu loben
und zu verherrlichen und zu Deinen Füßen
knieend zu gestehen, dass Du ihre Herrin bist.
Zur völligen Befreiung weihe ich mich Dir
vollkommen, unbedingt und für ewig
und verkünde mit sämtlichen Engeln und Heiligen
Deine grenzenlose und überwältigende Macht
über sämtliche Teufel und
über alle ihre Pläne und Machenschaften.
O Maria, mächtige Herrin der Seelen, beschütze mich.
O Maria, mächtige Herrin der Seelen, befreie mich.
O Maria, mächtige Herrin der Seelen,
herrsche über mich und mein Leben.
O Maria, mächtige Herrin der Seelen,
herrsche über jegliche finstere Kraft. Amen

Myriam van Nazareth

Maria, Königin des Friedens,
bitte für uns und die ganze Welt (3mal)

3.Woche 5.Tag

DER HEILIGE KREUZWEG

Komm, Heiliger Geist,
der Du mich erwählt und aus dieser Welt ausgesondert
und vor das Antlitz Deiner Herrlichkeit gestellt hast:
Ebenso erhalte mich nun, unerschütterlich
und für immer aufrecht stehend;
bewahre mich, indem Du in mir wohnend bleibst,
auf dass ich, der Tote, Dich immerfort schauend, lebe;
auf dass ich, Dich essend und trinkend
und mich jeden Augenblick in Dir aufhaltend,
von einer Wonne zur anderen gelange
in unaussprechlichen Gütern.
Denn Du bist jegliches Gut
und Herrlichkeit und alle Wonne,
Dir gebührt die heilige Ehre,
Du im Wesen eine, lebensspendende Kraft,
Dir, den alle Gläubigen im Vater,
im Sohn und im Heiligen Geist
verehren, bekennen und anbeten
und dem sie dienen, jetzt und allezeit und in Ewigkeit. Amen.

Hymne des Hl.Symeon

Wir beten den schmerzhaften Rosenkranz
in den Anliegen der Muttergottes
und besonders zum Schutz der ungeborenen Kinder

DER KREUZWEG

Als sie Jesus hinausführten, ergriffen sie einen Mann aus Zyrene namens Simon, der gerade vom Feld kam. Ihm luden sie das Kreuz auf, damit er es hinter Jesus hertrage. Es folgte eine große Menschenmenge, darunter auch Frauen, die um ihn klagten und weinten. Jesus wandte sich zu ihnen um und sagte: Ihr Frauen von Jerusalem, weint nicht über mich; weint über euch und eure Kinder! Denn es kommen Tage, da wird man sagen: Wohl den Frauen, die unfruchtbar sind, die nicht geboren und nicht gestillt haben. Dann wird man zu den Bergen sagen: Fallt auf uns!, und zu den Hügeln: Deckt uns zu! Denn wenn das mit dem grünen Holz geschieht, was wird dann erst mit dem dürren werden? Lukas 23,26-31

VERONIKA MIT DEM SCHWEISSTUCHE

Die Straße, worauf der Zug jetzt ging, ist eine lange, sich etwas links krümmende Straße, es laufen mehrere Seitenstraßen hinein, und von allen Seiten zogen wohlgekleidete Leute zu dem Tempel, die sich teils zurückzogen aus pharisäischer Angst, verunreinigt zu werden, teils einiges Mitleid bewiesen. Beinahe zweihundert Schritte hatte Simon dem Herrn geholfen, die Kreuzeslast zu tragen, als aus einem zur linken der Straße liegenden schönen Hause, zu dessen Vorhof mit breiter Mauer und blinkendem Gitter eine Terrasse mit Treppen führt, eine große, ansehnliche Frau mit einem Mägdlein an der Hand dem Zuge entgegenstürzte. Es war Seraphia, das Weib Sirachs, eines Mitglieds aus dem Tempelrate, welche durch ihre heutige Handlung den Namen Veronika, von vera icon (das wahre Bild), erhalten.

Seraphia hatte zu Hause einen köstlichen Wein bereitet, mit der frommen Begierde, den Herrn auf seinem bitteren Leidenswege zu erquicken. Sie war in schmerzlicher Erwartung dem Zuge schon einmal entgegen geeilt, ich sah sie verschleiert mit einem jungen Mägdlein, das sie an Kindesstatt angenommen, an der Hand neben dem Zuge schon hereilen, als Jesus seiner heiligen Mutter begegnete. Sie fand in dem Getümmel aber keine Gelegenheit, und so eilte sie dann nach ihrem Hause zu, den Herrn zu erwarten.

Sie trat verschleiert in die Straße, ein Tuch hing über ihrer Schulter, das Mägdlein, etwa neun Jahre alt, stand neben ihr und hatte die mit Wein gefüllte Kanne unter einem Überhang

verborgen, als der Zug sich näherte. Die Vorausziehenden versuchten vergebens, sie zurückzuweisen, sie war von Liebe und Mitleid außer sich, sie drang mit dem Kinde, das ihr Gewand fasste, durch das zur Seite laufende Gesindel, durch die Soldaten und die Schergen hindurch, trat Jesu in den Weg, fiel auf die Knie und hob das Tuch, an einer Seite ausgebreitet, zu ihm auf mit den flehenden Worten: „Würdige mich, meines Herrn Antlitz zu trocknen!“ Jesus ergriff das Tuch mit der Linken und drückte es mit der flachen Hand gegen sein blutiges Angesicht, und dann, die Linke mit dem Tuche gegen die Rechte bewegend, welche über den Kreuzarm herüberfasste, drückte er das Tuch zwischen beiden Händen zusammen und reichte es ihr dankend zurück, sie aber küsste es und schob es unter den Mantel auf ihr Herz und stand auf; da hob das Mägdlein das Weingefäß schüchtern empor, aber das Schimpfen der Schergen und Soldaten verstatteten es nicht, dass sie Jesum erquicke. Nur die rasche Kühnheit ihrer Handlung hatte, durch den Zudrang des Volkes um das plötzliche Ereignis, eine Stockung von kaum zwei Minuten in den Zug gebracht, wodurch die Darreichung des Schweißtuches möglich ward. Die reitenden Pharisäer aber und Schergen ergrimmten über diesen Aufenthalt, und noch mehr über die öffentliche Verehrung des Herrn, und begannen

Jesus zu schlagen und zu zerren, und Veronika floh mit dem Kinde in ihr Haus.
Kaum hatte sie ihr Gemach betreten, als sie das Schweißtuch vor sich auf den Tisch legte und ohnmächtig niedersank, das Mägdlein kniete winselnd mit dem Weinkruge bei ihr. So fand sie ein Hausfreund, der zu ihr eintrat, und sah sie bei dem ausgebreiteten Tuche, auf dem das blutige Angesicht Jesu schrecklich, aber wunderbar deutlich abgedrückt war, wie tot liegen; er war ganz entsetzt, erweckte sie und zeigte ihr das Angesicht des Herrn, sie war voll Wehklage und Trost, und kniete vor dem Tuche und rief aus: „Nun will ich alles verlassen, der Herr hat mir ein Andenken gegeben."

Anna Katharina Emmerich

O unbegreifliche, unermessliche Liebe!
Wer, o mein Herr, mein höchstes Gut,
wer hat Deine Größe zu bewegen vermocht,
dass Du, der Du doch Deinem Wesen
und Deinen Werken nach
wahrer und allmächtiger Gott bist,
Dich so sehr erniedrigt und so unerhörte Qualen,
Beschimpfungen und Lästerungen erduldet hast?
Welcher Zauber hält uns gefesselt,
dass wir trotz des Anblickes Deiner Schmerzen,
Geißelstreiche, Dornen, Verhöhnungen und Beschimpfungen
noch den Vergnügungen, Ergötzlichkeiten, Erholungen,
Ehren und Eitelkeiten der Welt nachjagen?
Es ist ja größte Torheit und Niederträchtigkeit,
wenn man seine Schuld anerkennt, aber nicht bezahlt,
eine Wohltat annimmt, aber niemals dafür dankt,
das größte Gut vor Augen hat, aber dasselbe verächtlich
von sich stößt und nicht darnach greift!
Torheit ist es, wenn man das Leben daran gibt und flieht,
dem ewigen Tode aber entgegeneilt. Amen

Maria von Agreda

WIE DIE KIRCHE DURCH DIE GLIEDER CHRISTI ABGEBILDET WIRD

Als sie wiederum für jemand betete, erschien ihr der König der Herrlichkeit, der Herr Jesus, und zeigte ihr in der Gestalt seines Leibes den geheimnisvollen Leib der Kirche, dessen Bräutigam und Haupt er heißen und sein will.

Er erschien nämlich auf der rechten Seite seines Leibes mit königlichen Kleidern in hehrem Festschmuck, auf der linken Seite aber nackt und mit Geschwüren bedeckt. Hierbei erkannte sie, dass durch die rechte Seite des Herrn alle Auserwählten in der Kirche bezeichnet werden, denen der Herr durch ein besonderes Gnadengeschenk zur Erwerbung von Tugenden zuvorgekommen ist, durch die linke Seite aber die noch Unvollkommenen.

Durch den Schmuck der Rechten des Herrn wurden jene Dienste und Wohltaten versinnbildet, welche einige aus besonderer Ergebenheit jenen erweisen, die sie durch vorzügliche Tugenden oder vertrauten Umgang mit Gott die Übrigen überragen sehen. Denn sooft jemand den Auserwählten Gottes wegen der ihnen vom Herrn erteilten Gnaden eine Wohltat erweist, versieht er die Rechte des Herrn mit einem neuen Schmuck.

Aber es gibt einige, welche zwar Gottes wegen den guten Menschen bereitwillig wohltun, jedoch die Fehler der Bösen und Unvollkommenen allzu hart verurteilen und durch ihre Ungeduld solche Menschen mehr verwunden als bessern. Und diese scheinen die Geschwüre des Herrn gleichsam mit Fäusten wütend zu schlagen.

Der Herr fügte noch hinzu: Möchten doch gewisse Menschen wenigstens lernen, wie sie die Geschwüre meines Leibes, das heißt die Fehler ihrer Nächsten, heilen können, dass sie nämlich dieselben zuerst leise berühren, das heißt durch sanfte Ermahnungen deren Fehler zu bessern suchen. Wenn sie aber finden, dass sie so nicht weiterkommen, dann sollen sie allmählich strenger zurechtweisen und zu heilen suchen. Aber

es gibt solche, die um meine Geschwüre keine Sorgen haben; das sind diejenigen, welche die Fehler des Nächsten erkennen, und ihn selber deshalb verachten.
Nicht einmal mit einem Wort bestreben sie sich, ihn zu bessern, damit sie sich selbst keine Beschwerde zuziehen. Dabei betrügen sie sich durch die leere Entschuldigung, dass sie mit Kain sagen: Bin ich denn etwa der Hüter meines Bruders? Sie legen meinen Geschwüren ein Pflaster auf, aber nicht eines, was heilt, sondern meine Wunde vielmehr faulen macht und gleichsam Würmer erzeugt, da sie durch ihr Schweigen die Fehler des Nächsten wachsen lassen, während sie dieselben vielleicht durch einige Worte hätten bessern können. Auch gibt es solche, die, wenn sie die Fehler des Nächsten zum Zweck der Besserung anzeigen, und nicht sogleich sehen, dass er nach ihrem Gutdünken zurechtgewiesen oder verurteilt wird, sofort mit Unwillen sich vornehmen, künftighin nichts mehr anzuzeigen und auch niemanden mehr zurechtweisen; jedoch unterlassen sie es nicht, in ihrem Herzen den Nächsten härter zu beschuldigen und verdunkeln sogar zuweilen seinen Ruf durch Verleumdungen.
Diese legen meinen Geschwüren ein Pflaster auf, was äußerlich die Geschwulst bedeckt, aber innerlich sie wie mit einer feurigen Gabel durchwühlt und martert.
Diejenigen aber, welche das, was sie bessern könnten, wenn auch nicht boshaft, so doch sorglos übergehen, diese zertreten meine Füße. Jene sodann, die, wenn sie selber nur ihre Lust befriedigen, unbesorgt sind, ob einer von meinen Auserwählten sich ärgert, die pressen meine Hände zusammen und durchstechen sie grausam mit feurigen Ahlen.
Andere gibt es, welche zwar die vollkommenen und frommen Vorgesetzten mit aufrichtiger Zuneigung lieben und durch Wort und Tat ehren, die harten und unvollkommenen aber gering schätzen und alle ihre Handlungen streng richten oder verachten. Diese zieren die rechte Seite meines Hauptes würdig mit Edelsteinen und Perlen, die linke und schwärende

Seite aber, die ich auf ihnen ausruhen zu lassen begehrte, wehren sie gefühllos ab und behandeln sie sogar mit unsanften Fäusten. Noch andere schmeicheln den bösen Handlungen der Vorgesetzten gegenüber, damit sie deren Freundschaft gewinnen und um so ungehinderter sich ihren eigenen Gelüsten überlassen können. Diese krümmen in Wahrheit mein Haupt schmerzlich zurück und belustigen sich schimpflich über meine Qualen.

Hl.Gertrud von Helfta

WEIHE AN DIE FLAMME DER HEILIGEN LIEBE

Unbeflecktes Herz Mariens, demütig bitte ich Dich,
mein Herz in die Flamme der Heiligen Liebe zu versenken.
Sie ist die geistige Zuflucht der ganzen Menschheit.
Siehe nicht auf meine Fehler und Verfehlungen,
sondern gewähre, daß alle meine Sünden
durch diese reinigende Flamme hinweggebrannt werden.
Durch die Heilige Liebe hilf mir,
in jedem Augenblick geheiligt zu werden.
Mit dieser Bitte verbinde ich die Hingabe
meiner Gedanken, Worte und Handlungen
an Dich, liebe Mutter.
Nimm mich und benütze mich
nach Belieben zu Deinem Wohlgefallen.
Erlaube mir, Dein Werkzeug für die Welt zu sein,
zur größeren Ehre Gottes
und für Deine siegreiche Herrschaft. Amen

Maureen Sweeny-Kyle

Maria, Königin des Friedens,
bitte für uns und die ganze Welt! (3mal)

3.Woche 6.Tag

DIE HEILIGE KREUZIGUNG

BITTGEBET ZU JESUS UM WAHRE HEILUNG

O Jesus, Sohn Davids, habe Mitleid mit mir.
Berühre meine Seele, denn sie ist aussätzig.
Wenn Du es willst, kannst Du sie heilen,
denn ich glaube, dass Du der Messias bist, der Sohn Gottes.
Bestreiche meine Augen
mit dem Licht des Heiligen Geistes,
denn ich bin blind für Gottes Wahrheit
und ich will ihn sehen,
der für mich gelitten hat und gestorben ist.
Berühre meine Ohren, so dass sie sich
für ein wirkliches Begreifen von Gottes Wort öffnen
und nur noch für die Stimmen der Welt taub sein mögen.
Ich bin gelähmt, denn ich habe gesündigt.
Aber auf Dein Wort hin werde ich aufstehen,
um Dir auf allen Wegen zu folgen,
wohin der Geist mich auch führen wird.
Mögest Du darum nun zu mir sagen:
„Deine Sünden sind dir vergeben“.
Vertreibe aus mir jede finstere Kraft,
so dass ich wahrhaftig frei sein möge.
Möge alle Finsternis in meinem Herzen und in meiner Seele
nun mit Dir an das Kreuz genagelt werden,
so dass das wahre Licht in mir
für einen neuen und immerwährenden Frühling
auferstehen möge.
Amen

Myriam van Nazareth

Wir beten den schmerzhaften Rosenkranz
in den Anliegen der Muttergottes
und besonders zum Schutz der ungeborenen Kinder

DIE HINRICHTUNG JESU

Sie übernahmen Jesus. Er trug sein Kreuz und ging hinaus zur sogenannten Schädelhöhe, die auf hebräisch Golgota heißt. Dort kreuzigten sie ihn und mit ihm zwei andere, auf jeder Seite einen, in der Mitte Jesus. Pilatus ließ auch ein Schild anfertigen und oben am Kreuz befestigen; die Inschrift lautete: Jesus von Nazareth, der König der Juden. Dieses Schild lasen viele Juden, weil der Platz, wo Jesus gekreuzigt wurde, nahe bei der Stadt lag. Die Inschrift war hebräisch, lateinisch und griechisch abgefasst. Die Hohenpriester der Juden sagten zu Pilatus: Schreib nicht: Der König der Juden, sondern dass er gesagt hat: Ich bin der König der Juden. Pilatus antwortete: Was ich geschrieben habe, habe ich geschrieben. Nachdem die Soldaten Jesus ans Kreuz geschlagen hatten, nahmen sie seine Kleider und machten vier Teile daraus, für jeden Soldaten einen. Sie nahmen auch sein Untergewand, das von oben her ganz durchgewebt und ohne Naht war. Sie sagten zueinander: Wir wollen es nicht zerteilen, sondern darum losen, wem es gehören soll. So sollte sich das Schriftwort erfüllen: Sie verteilten meine Kleider unter sich und warfen das Los um mein Gewand. Dies führten die Soldaten aus.

Bei dem Kreuz standen seine Mutter und die Schwester seiner Mutter, Maria, die Frau des Klopas, und Maria von Magdala. Als Jesus seine Mutter sah und bei ihr den Jünger, den er liebte, sagte er zu seiner Mutter: Frau, siehe Dein Sohn! Dann sagte er zu dem Jünger: Siehe, Deine Mutter! Und von jener Stunde an nahm sie der Jünger zu sich.

Danach, als Jesus wusste, dass nun alles vollbracht war, sagte er, damit sich die Schrift erfüllte: Mich dürstet. Ein Gefäß mit Essig stand da. Sie steckten einen Schwamm mit Essig auf einen Ysopzweig und hielten ihn an seinen Mund. Als Jesus von dem Essig genommen hatte, sprach er: Es ist vollbracht! Und er neigte das Haupt und gab seinen Geist auf.

Johannes 19, 16b-30

JESU KREUZESTOD

Jesus kam nun auf dem Berg des Opfers an. Es war derselbe Berg, auf dem einst Isaak geopfert werden sollte. Die Strenge, die damals am Vorbild gemildert wurde, fand nun ihre Ausführung an dem unschuldigsten Lamme.
Als die Schergen begannen, den Herrn zur Kreuzigung zu entkleiden, betete Maria zum himmlischen Vater:

„Ewiger Gott! Du bist der Vater
dieses Deines eingeborenen Sohnes,
welcher als wahrer Gott von Dir,
dem wahren Gott, von Ewigkeit gezeugt,
als Mensch aber in meinem Schoße
die menschliche Natur empfing, in der er nun leidet.
Als wahre Mutter liebe ich ihn, den besten Sohn.
Als seine wahre Mutter habe ich
ein natürliches Recht auf ihn.
Niemals entzieht seine göttliche Vorsehung
dieses Recht dem, der es besitzt.
Jetzt aber bringe ich dieses mein Mutterrecht zum Opfer dar
und lege es abermals in Deine Hände,
auf dass Dein und mein Sohn
zur Erlösung des Menschengeschlechts geopfert werde.
O Herr, nimm dieses Opfer an! Amen"

Es war um die Mittagsstunde. Als die Schergen Jesus entkleiden wollten, gingen sie so gewaltsam vor, dass sie mit dem Rock auch die Dornenkrone herabrissen. Das war eine unerhörte Grausamkeit gegen den Herrn. In einigen Wunden blieben die Spitzen der Dornen stecken. Die Dornenkrone setzte man dem Herrn wieder fest auf. Bei dieser Entkleidung wurden alle Wunden Seines heiligsten Leibes wieder aufgerissen; denn der Rock war überall angeklebt.
Zu all diesen Qualen des Heilandes kam noch der Schmerz, dass

er vor der anwesenden Volksmenge entblößt dastehen musste. Seine einzige Bekleidung waren die Lendentücher; diese vermochten ihm die Schergen weder bei der Geißelung noch auch jetzt, da sie ihn kreuzigen wollten, wegzunehmen, so dass er sie mit ins Grab nahm. Das ist mir oftmals mitgeteilt worden. Jesus wäre bereit gewesen, in vollkommener Entblößung und selbst der Lendentücher beraubt, zu sterben, wenn nicht Seine heiligste Mutter gefleht hätte, Er möge diese Tücher behalten. Denn Jesus hätte auch dieses große Opfer für die Erlösung der Menschen gebracht. Doch die Bitte der göttlichen Mutter fand Erhörung und Jesus ersetzte die äußerste Armut durch diesen Akt kindlichen Gehorsams.

Während die Henker das Kreuz bereiteten, betete Jesus:

„O ewiger Vater! Deiner unermesslichen Majestät,
Güte und Gerechtigkeit

opfere ich auf meine ganze menschliche Natur
samt all den Werken,
die ich nach Deinem heiligen Willen vollbracht habe,
um meine Brüder, die Menschen, zu erlösen.
In Vereinigung mit Dir, o Herr,
opfere Ich Dir auf meine liebste Mutter, ihre Liebe,
ihre höchst vollkommenen Werke, ihre Schmerzen
und alle ihre mir erwiesenen Dienste.
Ich opfere Dir auf die kleine Herde meiner Apostel,
die heilige Kirche,
die bis zum Ende der Welt bestehen wird,
und mit ihr alle Kinder Adams.
Ich leide und sterbe bereitwillig für alle, dass alle
selig werden, wenn sie mir nachfolgen.
Sie sollen aus Sklaven des Teufels Deine Kinder,
Meine Brüder und Miterben werden.
Mein Vater, besonders opfere ich Dir auf
die Armen, Verachteten und Bedrängten.
Sie sind Meine Freunde,
weil sie mir auf dem Kreuzweg nachfolgen.
Ich flehe zu Dir, o Vater,
dass Du der Strafe Deiner Gerechtigkeit
gegen die Menschen Einhalt tust
und die Züchtigung von ihnen abwendest.
Bestrafe sie nicht, wie sie es für ihre Sünden verdienen.
Sei ihnen von dieser Stunde an Vater, wie Du mir Vater bist.
Ich bitte Dich auch für alle, die mit frommer Gesinnung
bei meinem Tode zugegen sind.
Laß sie durch Dein göttliches Licht erleuchtet werden.
Endlich bitte ich für alle meine Verfolger,
dass sie sich bekehren.
Vor allem aber bitte ich Dich um die Erhöhung
Deines unaussprechlichen und heiligsten Namens. Amen“

Maria von Agreda

Plötzliche Schwäche - Todesqualen. Es war nicht der Tod, der Übergang zum wahren Leben, sondern die Erfahrung seiner Qual. Der Tod ist furchtbar, obwohl er uns das ewige Leben gibt. Plötzlich wurde mir übel, ich bekam keine Luft mehr, es wurde mir schwarz vor Augen, ich fühlte, dass meine Glieder absterben. – Das Erstickungsgefühl ist furchtbar. Ein Augenblick dieses Gefühls dauert furchtbar lange... Hinzu kommt eine sonderbare Angst, trotz des Vertrauens. Ich hatte Verlangen nach den heiligen Sakramenten. Die heilige Beichte, obwohl herbeigesehnt, fällt einem sehr schwer. Man weiß nicht, was man sagt, eines fängt man an, anderes führt man nicht zu Ende. – Möge Gott jede Seele vor solchem Hinauszögern der Beichte bis zur letzten Stunde bewahren. Ich erkannte die große Kraft der priesterlichen Worte, die auf die Seele des Kranken herabfließt. Als ich den geistigen Vater fragte, ob ich gerüstet sei, vor Gott zu treten, und diesbezüglich beruhigt sein dürfe, gab er mir zur Antwort: „Du darfst vollkommen ruhig sein, nicht nur jetzt, sondern nach jeder wöchentlichen Beichte."

Hl.Sr. Faustyna

Himmlischer Vater, Deine Liebe ist ewig.
In Deiner Liebe, tief wie das Meer,
hast Du die Welt durch Deinen eingeborenen Sohn
Jesus Christus erlöst.
Schaue jetzt auf Deinen einzigen Sohn am Kreuz,
der aus Liebe zu den Seinen
unaufhörlich Sein Blut vergießt
und vergib der menschlichen Gesellschaft.
Reinige und taufe die abgetriebenen Kinder
mit dem kostbaren Blut und Wasser
aus der heiligen Seite Deines Sohnes,
der um unserer Erlösung willen tot am Kreuze hing.
† Im Namen des Vaters und † des Sohnes
und † des Heiligen Geistes.

Mögen sie durch die Heiligkeit Jesu Christi
das ewige Leben erlangen,
durch seine Wunden geheilt und
durch Sein kostbares Blut befreit werden,
um sich mit den Heiligen dort im Himmel zu erfreuen. Amen.

Barnabas Nwoye

GEBETSBUND ZUR WIEDERHERSTELLUNG DER MENSCHLICHEN WÜRDE

Geliebter Ewiger Vater,
über unzählige Wege versucht der Erzfeind der Liebe
Deine Göttlichen Werke in den Seelen zu zerstören
und Deine Schöpfung in ein Gewebe
von Elend umzuwandeln.
Im Namen sämtlicher Menschenseelen
bieten wir das allerheiligste Opfer der Wunden,
des Blutes und des Kreuzestodes Jesu Christi,
der Schmerzen Mariens,
sämtlicher Heiligen Messen aller Zeiten
und die versammelten Leiden der ganzen Menschheit
aller Jahrhunderte zur Tilgung der Sündenschuld
der untreuen Seelen und zur endgültigen Zertretung
Satans und seines Gefolges.
Damit Dein Reich bald
in sämtlichen Seelen der Welt gegründet werde,
bitten wir nun um die Offenbarung der Fülle
der Macht Mariens als die Herrin aller Seelen,
damit Sie die Menschheit
zu ihrem ursprünglichen Stand der Heiligkeit
zurückführen möge. Amen

Myriam van Nazareth

Maria, Königin des Friedens,
bitte für uns und die ganze Welt! (3mal)

3.Woche 7.Tag

DAS HEILIGSTE HERZ JESU

Der durch die Propheten gesprochen hat,
der unvollkommenen Menschen
durch das Gesetz verkündigt wurde,
der Beistand und Tröster,
der wahre Gott, offenbart sich heute
den Knechten und Zeugen des göttlichen Wortes.
Als Siegel und Abdruck des lebendigen Gottes
wird der Geist von den Aposteln im Feuer empfangen.
Er tut sich kund in der Gabe der Sprachen,
denn er ist die Kraft, die ausgeht vom Vater.
Du König der Könige,
Einziger des Einzigen, o göttliches Wort,
der Du ewig geboren wirst vom nicht gezeugten Vater,
in Deiner Liebe ließest Du Deinen allmächtigen Geist
über Deinen Aposteln erglänzen.
Der Du unsere vom Tode verletzte Natur erneuertest,
o Du Wort Gottes, Du tauchst uns ein in den Strom,
der sich aus Deiner makellosen Seite ergoß,
und hast uns besiegelt mit der Inbrunst des Geistes. Amen

Orientalische Kirche

Wir beten den schmerzhaften Rosenkranz
in den Anliegen der Muttergottes
und besonders zum Schutz der ungeborenen Kinder

ZEUGNIS DES EVANGELISTEN: DAMIT AUCH IHR GLAUBT

Da aber Rüsttag war und die Leiber nicht über den Sabbat am Kreuz bleiben sollten – denn der Tag jenes Sabbats war ein großer - , baten die Juden Pilatus, es sollten ihre Beinknochen zerschlagen und sie abgenommen werden. Da kamen die

Soldaten und zerschlugen die Beine sowohl des einen als auch des anderen mit ihm Gekreuzigten. Als sie aber zu Jesus kamen und sahen, dass er schon gestorben war, zerschlugen sie ihm die Beine nicht, sondern einer der Soldaten stieß mit der Lanze in seine Seite, und sogleich kamen Blut und Wasser heraus. Der dies gesehen, legte Zeugnis dafür ab, und sein Zeugnis ist wahr, und er weiß, dass er Wahres sagt, damit auch ihr glaubt. Denn dies geschah, damit das Schriftwort erfüllt würde: „Kein Knochen an ihm soll zerbrochen werden“ (2 Mos 12,46). Und wieder ein anderes Schriftwort sagt: „Sie werden auf den schauen, den sie durchbohrt haben“ (Zach 12,10).

Joh 19,31-37

Würdig bist Du, unser Herr und Gott,
Herrlichkeit zu empfangen und Ehre und Macht.
Denn Du bist es, der die Welt erschaffen hat,
durch Deinen Willen war sie und wurde sie erschaffen.
Würdig bist Du, Christus und Herr,
das Buch zu nehmen und seine Siegel zu öffnen.
Denn Du wurdest geschlachtet
und hast mit Deinem Blut
Menschen für Gott erworben
aus allen Stämmen und Sprachen,
aus allen Nationen und Völkern,
und Du hast uns für unsern Gott
zu Königen und Priestern gemacht,
und wir werden auf der Erde herrschen.
Würdig ist das Lamm, das geschlachtet wurde,
Macht zu empfangen, Reichtum und Weisheit,
Kraft und Ehre, Herrlichkeit und Ruhm. Amen

Offb.4,11; 5,9.10.12

O Heiligstes Herz Jesu, Quelle der Barmherzigkeit,
aus der über die ganze Menschheit
Strahlen unbegreiflicher Gnaden strömen,
ich flehe Dich an um Erleuchtung
und Barmherzigkeit für die armen Sünder.
O Jesus, gedenke Deines bitteren Leidens
und lasse nicht zu, dass Seelen verloren gehen,
die mit Deinem so kostbaren Blut und Wasser
Deines Herzens erkauft wurden.
O Jesus, wenn ich den gewaltigen Preis
Deines Blutes bedenke, freut mich seine Größe,
denn ein Tropfen hätte für alle Sünder gereicht.
Obgleich die Sünde einen Abgrund
der Boshaftigkeit und Undankbarkeit darstellt,
ist der für uns entrichtete Preis unvergleichlich.
Möge darum jede Seele in Deinem Leiden Vertrauen finden
und Hoffnung auf Deine unendliche Barmherzigkeit.
Amen.

Einmal gab mir Jesus zu erkennen, dass er immer bereit ist, Gnaden zu erteilen, wenn ich in den mir anvertrauten Meinungen bitte; aber nicht immer wollen die Seelen diese Gnaden annehmen. „Mein Herz ist überfüllt von großer Barmherzigkeit für die Seelen, besonders für die armen Sünder. Könnten sie doch nur verstehen, dass ich für sie der beste Vater bin; für sie sind aus meinem Herzen Blut und Wasser geflossen wie aus einer Quelle, die mit Barmherzigkeit überfüllt ist. Für sie wohne ich im Tabernakel; als König der Barmherzigkeit will ich die Seelen mit Gnaden beschenken, doch sie wollen sie nicht annehmen. Komme wenigstens du so oft wie möglich zu Mir, und nimm die Gnaden entgegen, die andere nicht haben wollen und du wirst dadurch mein Herz trösten. Wie groß ist die Gleichgültigkeit der Seelen gegenüber so viel Güte, für so viele Beweise der Liebe. Mein Herz wird mit Undankbarkeit und Vergessenheit der Seelen, die in der Welt leben, getränkt; für alles finden sie Zeit, nur zu mir zu kommen, um Gnaden zu erhalten, haben sie keine Zeit. Heute führe die Seelen zu Mir, die meine Barmherzigkeit besonders ehren und rühmen und tauche sie ein in meine Barmherzigkeit. Diese Seelen haben mein Leiden am meisten beklagt und sie sind am tiefsten in Meinen Geist eingedrungen. Sie sind das lebendige Spiegelbild meines barmherzigen Herzens. Diese Seelen werden im künftigen Leben in besonderer Helligkeit erstrahlen. Keine von ihnen verfällt dem Feuer der Hölle; in der Stunde des Todes werde Ich jede von ihnen besonders verteidigen.

Hl.Sr.Faustyna

GESANDTER DER GÖTTLICHEN LIEBE

Am folgenden Tag während der ersten Totenmesse schien die Auserkorene Gottes aus dem Herzen des Herrn goldene Röhren auf diejenigen hinzukehren, die eine besondere Andacht zu ihr hatten, damit sie dadurch aus dem göttlichen Herzen alles an sich zögen, was sie begehrten, indem sie sich folgender oder ähnlicher Worte bedienten: „Durch die Liebe, wodurch Du Deiner Auserwählten M. oder einem andern Deiner Heiligen jemals Gnade erwiesen hast oder, wenn Du eine taugliche Stätte gefunden, den Menschen erwiesen hättest, und noch erweisen wirst, sei es im Himmel oder auf Erden, erhöre mich, o gütigster Jesus, vermittelst der Verdienste und Gebete dieser und aller Deiner Auserwählten."

Bei der Aufhebung der Heiligen Hostie schien es, dass jene glückliche Seele zugleich mit ihr sich selbst Gott dem Vater zu seiner Lobpreisung für das Heil aller aufzuopfern begehrte. Deshalb zog der Sohn Gottes, der den Wünschen seiner Auserwählten nichts versagen kann, sie ganz in sich hinein, brachte sie mit sich Gott dem Vater dar und gewährte durch diese Vereinigung allen im Himmel, auf Erden und im Fegfeuer reichlichere Huld.

Hl.Gertrud von Helfta

TAGEBUCH DER SR.FAUSTYNA

GOTT UND DIE SEELEN

Von allen Geschöpfen möge Lob und Preis
der Barmherzigkeit Gottes fließen,
zu jeder Zeit und in Ewigkeit.
O Herr und mein Gott, Du befiehlst mir,
über die Gnaden zu schreiben, die Du mir erteilst.
O mein Jesus, ohne die deutliche Anweisung
der Beichtväter, niederzuschreiben,
was in meiner Seele vorgeht, würde ich aus mir selbst
nicht ein einziges Wort schreiben.

Daß ich aber über mich schreibe,
geschieht aufgrund deutlicher Anweisung
im heiligen Gehorsam.
Dir soll Lob und Ehre sein,
o Heilige Dreifaltigkeit, Ewiger Gott.
Möge die Barmherzigkeit, die aus Deinem Innern strömt,
uns vor Deinem gerechten Zorn schützen.
Möge die Ehre
Deiner unbegreiflichen Barmherzigkeit erklingen.
Auf allen Deinen Werken o Gott,
ist das Siegel Deiner unergründlichen Barmherzigkeit.
Amen

AKT DER AUFOPFERUNG

Im Angesicht des Himmels und der Erde,
aller Chöre der Engel,
der Heiligsten Jungfrau Maria
und aller himmlischen Mächte erkläre ich
Gott, dem Dreieinigen, dass ich heute,
vereint mit Jesus, dem Erlöser der Seelen,
mich freiwillig zum Opfer darbringe,
für die Bekehrung der Sünder,
besonders aber für jene Seelen,
die ihre Hoffnung
auf die Barmherzigkeit Gottes verloren haben.
Das Opfer beruht darauf,
dass ich mit vollkommener Hingabe an den Willen Gottes
alle Leiden, Ängste und die Furcht übernehme,
mit denen die Sünder erfüllt sind,
und dafür allen Trost meiner Seele hingebe,
der aus dem Umgang mit Gott fließt.

Mit einem Wort, ich opfere für sie alles auf:
Heilige Messe, die hl.Kommunion,
Buße, Abtötungen, Gebete.
Ich fürchte keine Schläge, -
Schläge der göttlichen Gerechtigkeit,
denn ich bin mit Jesus vereint.
O Gott, ich will Dir damit
für die Seelen Genugtuung leisten,
die Deiner Güte nicht trauen.
Ich vertraue gegen alle Hoffnung
auf das Meer Deiner Barmherzigkeit.
Mein Herr und mein Gott, mein Anteil – mein ewiger Anteil,
diesen Akt der Aufopferung
stütze ich nicht auf meine eigene Kraft,
sondern auf die Macht,
die aus den Verdiensten Jesu Christi fließt.
Ich werde diesen Opferakt jeden Tag wiederholen
durch das Gebet,
das Du selber, Jesus, mich gelehrt hast:
O Blut und Wasser,
dem heiligsten Herzen Jesu
als Quelle der Barmherzigkeit für uns entströmt,
Jesus, ich vertraue auf Dich!

Hl.Sr.Faustyna

Maria, Königin des Friedens,
bitte für uns und die ganze Welt! (3mal)

4. Woche

DER HEILIGE GEIST

1.Tag

WIEDERGEBURT IM GEIST

MORGENDLICHE WEIHE AN DEN HEILIGEN GEIST

Überaus Heiliger Geist,
ich weihe Dir diesen Tag bei seinem Beginn.
Öffne mein Herz Deinem Drängen
und Deinen Einsprechungen.
Inspiriere mich, den Heiligen Willen Gottes zu tun.
Amen

Maureen Sweeney-Kyle

Wir beten den freudenreichen Rosenkranz
in den Anliegen der Muttergottes
und besonders zum Schutz der ungeborenen Kinder

DAS GESPRÄCH MIT NIKODEMUS

Es war ein Pharisäer namens Nikodemus, ein führender Mann unter den Juden. Der suchte Jesus bei Nacht auf und sagte zu ihm: Rabbi, wir wissen, Du bist ein Lehrer, der von Gott gekommen ist; denn niemand kann die Zeichen tun, die Du tust, wenn nicht Gott mit ihm ist. Jesus antwortete ihm: Amen, amen, ich sage dir: Wenn jemand nicht von Neuem geboren wird, kann er das Reich Gottes nicht sehen. Nikodemus entgegnete ihm: Wie kann ein Mensch, der schon alt ist, geboren werden? Er kann doch nicht in den Schoß seiner Mutter zurückkehren und ein zweites mal geboren werden. Jesus antwortete ihm: Amen, amen, ich sage dir: Wenn jemand nicht aus Wasser und Geist geboren wird, kann er nicht in das Reich Gottes kommen. Was aus dem Fleisch geboren ist, das ist Fleisch; was aber aus dem Geist geboren ist, das ist Geist. Wundere dich nicht, dass ich dir sagte: Ihr müsst von Neuem geboren werden. Der Wind weht, wo er will; du hörst sein Brausen, weißt aber nicht, woher er kommt und wohin er geht. So ist es mit jedem, der aus dem Geist geboren ist. Nikodemus erwiderte ihm: Wie kann das geschehen? Jesus antwortete: Du bist der Lehrer Israels und verstehst das nicht? Amen, amen, ich sage dir: Was wir wissen, davon reden wir, und was wir gesehen haben, das bezeugen wir, und doch nehmt ihr unser Zeugnis nicht an. Wenn ich zu euch über irdische Dinge gesprochen habe und ihr nicht glaubt, wie werdet ihr glauben, wenn ich zu euch über himmlische Dinge spreche? Und niemand ist in den Himmel hinaufgestiegen außer dem, der vom Himmel herabgestiegen ist: der Menschensohn. Joh 3,1-13

HYMNUS UND GOTTESBEWEIS DES HEILIGEN ANSELM

Wohlan jetzt, Menschlein, fliehe ein wenig deine Geschäfte,
versteck dich ein Weilchen
vor dem Getümmel deiner Gedanken,
wirf ab jetzt die drückenden Sorgen
und stelle zurück die Mühsale, die dich zerstreuen.
Sei frei ein klein wenig für Gott
und ruhe ein klein wenig in ihm!
„Geh hinein in die Kammer" deines Geistes,
schließe aus alles außer Gott
und was dir hilft, ihn zu suchen,
„und bei geschlossener Tür" suche ihn!
Sprich jetzt, mein ganzes Herz, sprich jetzt zu Gott:
„Ich suche Dein Antlitz,
Dein Antlitz, Herr, suche ich wieder! Amen"

Herrlichkeit- Manfred Forderer

DIE WUNDERMACHT ELISCHAS

Elija ist im Wirbelsturm entschwunden, Elischa wurde mit seinem Geist erfüllt.
Doppelt so viele Zeichen wirkte er, zu Wundern wurden alle seine Worte aus seinem Mund. Solange er lebte hat er vor niemand gezittert, kein Sterblicher hatte Macht über seinen Geist. Nichts war für ihn unerreichbar, noch im Grab zeigte sein Leichnam Prophetenkraft. In seinem Leben vollbrachte er Wunder und bei seinem Tod erstaunliche Taten. Trotz allem bekehrte das Volk sich nicht; sie ließen nicht ab von ihren Sünden, bis sie aus ihrem Land verschleppt und in alle Welt verstreut wurden. Aber für Juda ist ein kleiner Rest geblieben, und dem Haus David noch ein Fürst. Von ihm taten einige, was recht ist, andere verübten unerhörten Frevel. Sirach 48,12-16

EZECHIEL

Die Hand des Herrn kam über mich; er führte mich im Geist des Herrn hinaus und ließ mich mitten in einer Talebene nieder, die angefüllt war mit Gebeinen. Er ließ mich ringsumher an ihnen vorbeigehen, und siehe, überaus zahlreich lagen sie an der Oberfläche des Tales; sie aber waren vollständig verdorrt. Da sprach er zu mir: Menschensohn, werden wohl diese Gebeine sich wieder beleben? Ich antwortete: Gebieter und Herr, Du weißt es. Dann sagte er zu mir: Weissage über diese Gebeine und rede sie an: Ihr verdorrten Gebeine hört das Wort des Herrn! So spricht der Gebieter und Herr zu diesen Gebeinen: Siehe, ich lasse Geist in euch kommen, und ihr werdet lebendig werden. Ich lege Sehnen an euch, und umkleide euch mit Fleisch; ich überziehe euch mit Haut und bringe Geist in euch, dass ihr lebendig werdet und ihr erkennt, dass ich der Herr bin. Ich weissagte, wie mir befohlen.
Da entstand ein Rascheln, während ich weissagte, und siehe da, es gab ein Rauschen; die Gebeine rückten aneinander, Knochen zu Knochen. Ich schaute, und siehe, Sehnen bildeten sich an ihnen; Fleisch wuchs empor, und Haut spannte sich

darüber; doch Geist war in ihnen noch nicht. Da sprach er zu mir: Weissage zum Geist, weissage, Menschensohn, und rede zum Geist: So spricht der Gebieter und Herr: Von den vier Windrichtungen komme, o Geist, und blase diese Getöteten an, dass sie leben! Ich weissagte, wie er mir befohlen hatte.
Da strömte der Geist in sie hinein; sie wurden lebendig und stellten sich aufrecht, eine überaus große Heerschar. Da rief er mir zu: Menschensohn, diese Gebeine bedeuten das ganze Haus Israel. Fürwahr, sie sprechen: Verdorrt sind unsere Gebeine; entschwunden ist unsere Hoffnung; mit uns ist es zu Ende.
Darum weissage und rede zu ihnen: So spricht der Gebieter und Herr: Siehe, ich öffne eure Gräber und hole euch aus euren Grabstätten heraus als mein Volk. Ich bring euch heim ins Land Israel. Dann werdet ihr erkennen, dass ich der Herr bin, wenn ich eure Gräber öffne und euch aus euren Grabstätten als mein Volk heraushole. Ich lege meinen Geist in euch, dass ihr lebendig werdet, und versetze euch in euer Heimatland. Dann werdet ihr erkennen, dass ich, der Herr, gesprochen und gehandelt habe.
Dann sollen sie sich nicht mehr mit ihren Götzen und Scheusalen verunreinigen. Ich mache sie frei von all ihren Treulosigkeiten, durch die sie sich versündigt haben, und reinige sie; sie sollen mein Volk sein und ich will ihr Gott sein. Mein Knecht David soll als König über sie herrschen; nur einen einzigen Hirten werden sie insgesamt haben. Sie werden in meinen Vorschriften wandeln, meine Gebote beobachten und sie vollbringen. Sie werden dann in dem Lande wohnen, das ich meinem Knecht Jakob gegeben, und wo ihre Väter gewohnt haben. Sie werden für dauernd darin wohnen, sie selbst, ihre Kinder und Kindeskinder. David, mein Knecht, wird ihr Fürst auf ewig sein. Ich schließe mit ihnen einen Heilsbund, ein immerwährender Bund mit ihnen soll es sein. Ich erweise mich gnädig an ihnen, mache sie zahlreich und stelle mein Heiligtum in ihrer Mitte für ewig auf. Meine Wohnstätte wird bei ihnen sein. Ich werde ihr Gott sein, und sie werden mein Volk sein. Dann erkennen die Heidenvölker, dass ich, der Herr, es bin, der Israel heiligt, wenn mein Heiligtum für ewig in ihrer Mitte steht. Ezech 37,1-12, 23-28

WOVON UNS DER HEILIGE GEIST HEILT

Ein Mann war in ein fortgeschrittenes Stadium von Alkoholismus gelangt. Er hatte der Ehefrau und den Kindern das Leben unmöglich gemacht. Eines Abends luden sie ihn zu einem Treffen ein, wo die Bibel gelesen wurde. Beim Hören eines bestimmten Satzes der Schrift spürte er etwas wie ein Aufflammen von Hitze, das ihm durch den Körper fuhr, und er fühlte sich geheilt. Jedesmal, wenn er in der Folge von neuem die Versuchung zum Alkohol wahrnahm, beeilte er sich, die Bibel an genau dieser Stelle wieder aufzuschlagen, und empfing immer neue Kraft, bis er gänzlich geheilt war. Als er beim Erzählen dieser seiner Erfahrung an den Punkt kam, zu sagen, welches jener berühmte Satz gewesen war, brach ihm die Stimme vor Rührung. Es war der Vers aus dem Hohelied, der lautet: Süßer als Wein ist Deine Liebe (Hld 1,4)

Komm, Schöpfer Geist – Raniero Cantalamessa

TAGEBUCH DER SR.FAUSTYNA

Ich danke Dir, Gott, für alle Gnaden,
die Du mir ununterbrochen schenkst.
Sie leuchten mir wie die helle Sonne,
durch sie weist Du mir den sicheren Weg.
Ich danke Dir, Gott, für meine Erschaffung.
Aus dem Nichts hast Du mich zum Sein gebracht,
Dein göttliches Siegel mir auferlegt.
Das alles hast Du aus Liebe gemacht.
Ich danke Dir für die heilige Taufe,
durch die ich in Gottes Familie kam.
Ein Gnadengeschenk – das ohnegleichen
unsere Seele zu wandeln begann.
Ich danke Dir, Herr, für die heilige Beichte,
die Quelle unergründlicher Barmherzigkeit.
Für den Born unbegreiflicher Gnaden,

in dem die Sünderseelen rein werden.
Ich danke Dir für die heilige Kommunion,
in der Du Dich selbst an uns verschenkst.
Ich spüre, wie Dein Herz in meiner Brust schlägt,
wie Du in mir das Leben Gottes lenkst.
Ich danke Dir, Heiliger Geist, für die Firmung,
sie macht mich reif für Deinen Ritterschlag.
Sie gibt der Seele Kraft in jedem Augenblick,
sie schützt mich vor dem Bösen Tag für Tag.
Ich danke Dir Gott, für die Berufung,
ausschließlich in Deinem Dienst zu sein.
Die Möglichkeit, nur Dich zu lieben,
bringt meiner Seele Ehre ein. Amen

BEKUNDUNG DER GANZHINGABE AN MARIA

Meine liebe Mutter und erhabene Herrin, Maria,
ich danke Dir für das Privileg, Sklave Deiner Liebe zu sein.
Ich lege mich in Ganzhingabe zu Deinen Füßen nieder.
Geruhe, mich mit all meinen Fehlern und Tugenden
als ein lebendiges Opfer Deiner Ehre anzunehmen.
Demütige und reinige mich, liebe Mutter,
damit ich Deines Anblickes würdig werde.
Beehre mich, liebe Mutter, mit Deiner ständigen Gegenwart
in meinem Herzen und meiner Seele,
und laß mein ganzes Wesen völlig in Dir wegschmelzen,
damit ich von Tag zu Tag weniger ... (eigener Name)
und mehr Maria werden möge.
Liebe Mutter, ich liebe Dich bis in alle Ewigkeit.
Nimm mich auf in Deine Heiligkeit. Amen.

Myriam van Nazareth

Maria, Königin des Friedens,
bitte für uns und die ganze Welt! (3mal)

TAUFE

Während Du Dein Leben für uns hingibst,
vertraust Du Deinen Geist dem Vater an,
Du vereinst die erlöste Menschheit:
Von Deinem Leib fließen Ströme lebendigen Wassers!
Die wir alle dürsten, wir kommen zu Dir.
Der Geist ruhte auf Dir, als vom Himmel eine Stimme kam:
Du bist mein geliebter Sohn,
an Dir habe ich Gefallen gefunden.
Kinder Gottes, ja, auch wir sind es,
da dein Geist in unseren Herzen ruft: Abba, Vater!
Der Geist und die Braut sagen: Komm!
Wer dies hört, sage: Komm! Amen.
Gebet der orientalischen Kirchen

Wir beten den lichtreichen Rosenkranz
in den Anliegen der Muttergottes,
besonders zum Schutz der ungeborenen Kinder

DAS ZEUGNIS DES TÄUFERS FÜR JESUS

Am Tag darauf sah er Jesus auf sich zukommen und sagte: Seht, das Lamm Gottes, das die Sünde der Welt hinwegnimmt. Er ist es, von dem ich gesagt habe: Nach mir kommt ein Mann, der mir voraus ist, weil er vor mir war. Auch ich kannte ihn nicht; aber ich bin gekommen und taufe mit Wasser, um Israel mit ihm bekanntzumachen. Und Johannes bezeugte: Ich sah, dass der Geist vom Himmel herabkam wie eine Taube und auf ihm blieb. Auch ich kannte ihn nicht; aber er, der mich gesandt hat, mit Wasser zu taufen, er hat mir gesagt: Auf wen du den Geist herabkommen siehst und auf wem er bleibt, der ist es, der mit dem Heiligen Geist tauft. Das habe ich gesehen und ich bezeuge: Er ist der Sohn Gottes. Joh 1,29-34

DAS GESPRÄCH AM JAKOBSBRUNNEN

Wenn du wüsstest, worin die Gabe Gottes besteht und wer es ist, der zu dir sagt, gib mir zu trinken!, dann hättest du ihn gebeten, und er hätte dir lebendiges Wasser gegeben. Wer von diesem Wasser trinkt, wird wieder Durst bekommen; wer aber von dem Wasser trinkt, das ich ihm geben werde, wird niemals mehr Durst haben; vielmehr wird das Wasser, das ich ihm gebe, in ihm zur sprudelnden Quelle werden, deren Wasser ewiges Leben schenkt.
Aber die Stunde kommt, und sie ist schon da, zu der die wahren Beter den Vater anbeten werden im Geist und in der Wahrheit; denn so will der Vater angebetet werden. Gott ist Geist, und alle die ihn anbeten, müssen im Geist und in der Wahrheit anbeten.

Joh 4,10,13,14,22-24

DIE ANKÜNDIGUNG DES MESSIANISCHEN REICHES

Doch aus dem Baumstumpf Isais wächst ein Reis hervor, ein junger Trieb aus seinen Wurzeln bringt Frucht. Der Geist des Herrn läßt sich nieder auf ihm: der Geist der Weisheit und der Einsicht, der Geist des Rates und der Stärke, der Geist der Erkenntnis und der Gottesfurcht. Jes 11,1-2

DIE TAUFE JESU

Als Johannes Christus getauft hatte, öffnete sich der Himmel. Der Heilige Geist stieg in Gestalt einer Taube auf sein Haupt herab. Die Stimme des Vaters sprach: Dieser ist mein geliebter Sohn, an dem ich mein Wohlgefallen habe. Viele Anwesende hörten die Stimme vom Himmel und sahen auch den Heiligen Geist in Gestalt einer Taube. Dies war das stärkste Zeugnis für die Gottheit Christi sowohl in Hinsicht auf die Person des Vaters der es ablegte, als auch auf den Inhalt des Zeugnisses. Gott Vater wollte der erste sein, der die Gottheit Christi, und zwar vom Himmel herab, bezeugte. Durch sein Zeugnis sollten alle anderen bekräftigt werden, die später auf Erden gegeben würden. Noch ein anderes Geheimnis lag in diesen Worten des ewigen Vaters: Sie waren eine Belohnung Seines göttlichen Sohnes nach seiner Verdemütigung in der Taufe. Letztere war ein Mittel zur Tilgung der Sünden; der menschgewordene Sohn Gottes aber war sündenfrei, da Er nicht sündigen konnte.

Diesen Akt der Demut in der Gestalt eines Sünders und inmitten wirklicher Sünder brachte der göttliche Heiland dem ewigen Vater im Gehorsam dar. Er wollte dadurch anerkennen, dass er seiner menschlichen Natur nach geringer sei als der Vater. Dabei setzte er auch das Sakrament der Taufe ein zur Tilgung der Sünden der Welt. Bei dieser Verdemütigung in der Bußtaufe erflehte und erlangte Jesus vom ewigen Vater vollständige Verzeihung für alle, die später das Sakrament der Taufe empfangen würden. Diese sollte sie von der Herrschaft Satans und der Sünde befreien und sie wiedergebären zu einem neuen geistlichen und übernatürlichen Leben als Adoptivkinder Gottes und als Seine Brüder. Jesus leistete Genugtuung für die Sünden aller Menschen, indem Er, der Unschuldige, durch den Empfang der Taufe als Sünder erscheinen wollte.

Johannes hatte an all diesen Wundern und deren Wirkungen innigsten Anteil. Er taufte seinen Meister und Erlöser. Er sah den Heiligen Geist und die Kugel himmlischen Lichtes, die auf unseren Herrn herabstieg. Er sah die unzähligen Engel, die bei der Taufe zugegen waren. Er hörte die Geheimnisse in der genannten Vision. Und nun wurde er vom göttlichen Heiland selbst getauft.

Maria von Agreda

O Gott, Großer und Ewiger,
Heiliger und Menschenliebender,
der Du uns gewürdigt hast, in dieser Stunde
vor Deiner unnahbaren Herrlichkeit zu stehen
zur Besinnung und zum Lobe Deiner Wunder;
versöhne Dich uns, Deinen unwürdigen Dienern,
und verleihe uns die Gnade,
Dir zerknirschten Herzens und ohne Hochmut
den dreimal heiligen Lobgesang
und die Danksagung darzubringen
für Deine großen Wohltaten,
die Du an uns getan hast und immerfort an uns noch tust!
Gedenke, o Herr, unserer Schwachheit
und vertilge uns nicht in unseren Sünden,
sondern übe gemäß unserer Demut große Gnade,
auf dass wir – der Finsternis der Sünde entronnen,
im Tage der Gerechtigkeit wandeln und –
angetan mit der Rüstung des Lichtes –
unangefochten verbleiben
von jeglicher Arglist des Bösen und Dich,
den einzigen, wahren und menschenliebenden Gott,
für alles voll Zuversicht preisen!
Amen

Byzantinische Kirche

Das Gebet einer demütigen und liebenden Seele
besänftigt den Zorn meines Vaters
und zieht ein Meer von Segen herab.

Hl.Sr.Faustyna

Der heutige Tag ist für mich außergewöhnlich, obwohl ich so viele Leiden erfahren habe, aber meine Seele ist von großer Freude erfüllt. Im benachbarten Einzelzimmer lag eine schwerkranke Jüdin. Vor drei Tagen habe ich sie besucht. Es tat mir weh in meiner Seele, dass sie bald sterben sollte, ohne dass die Gnade der Taufe ihre Seele gereinigt hat. Ich sprach mit der Krankenschwester, damit sie, falls der letzte Augenblick heranrückt, ihr die heilige Taufe erteilt. Doch da war die Schwierigkeit, dass fortwährend Juden um sie waren. Ich fühlte in meiner Seele die Eingebung vor dem Bild, das Jesus zu malen befahl, zu beten. Ich habe eine Broschüre, auf deren Umschlag der Abdruck dieses Bildes der Barmherzigkeit Gottes ist. Ich sagte zum Herrn: Jesus, Du selbst hast mir gesagt, dass Du durch dieses Bild viele Gnaden verleihen wirst; so bitte ich Dich um die Gnade der heiligen Taufe für diese Jüdin. Es ist nicht wichtig, wer sie taufen wird. Nach diesen Worten wurde ich sonderbar ruhig und ich bin ganz gewiß, dass trotz Schwierigkeiten das Wasser der heiligen Taufe auf ihre Seele herabfließen wird. In der Nacht, als sie sehr schwach war, stand ich ihretwegen dreimal auf, um einen geeigneten Augenblick für die Gnadenspendung auszumachen. Am Morgen ging es ihr scheinbar besser; am Nachmittag begann die letzte Stunde zu nahen. Die Krankenschwester sagte, es wäre schwierig, ihr die Gnade zu erteilen, weil sie bei ihr sind. Es kam der Augenblick, da die Kranke begann, das Bewusstsein zu verlieren, also liefen die einen zum Arzt, andere anderswo, um die Kranke zu retten. Die Kranke blieb allein, und die Krankenschwester konnte sie taufen. Bevor alle zurückkehrten, war ihre Seele schön, mit der Gnade Gottes geschmückt und bald begann das Sterben. Es dauerte nur kurz, als wäre sie eingeschlafen. Plötzlich erblickte ich ihre Seele, die in wunderbarer Schönheit in den Himmel einging. O wie schön ist die Seele in der heiligmachenden Gnade! In meiner Seele herrschte Freude darüber, dass ich vor diesem Bild eine so große Gnade für diese Seele erhielt.

Hl.Sr.Faustyna

PSALM 40

Ich hoffte, ja ich hoffte auf den Herrn.
Da neigte er sich mir zu und hörte mein Schreien.
Er zog mich herauf aus der Grube des Grauens,
aus Schlamm und Morast.
Er stellte meine Füße auf den Fels,
machte fest meine Schritte.
Er legte mir ein neues Lied in den Mund,
einen Lobgesang auf ihn, unseren Gott.
Viele werden es sehen, sich in Ehrfurcht neigen
und auf den Herrn vertrauen. Amen

AUFOPFERUNG MEINER GEBETE AN MARIA

Liebe Mutter Maria, ich biete Dir diese Gebete an,
als einen Strauß von Rosen, Lilien und Jasminen
zur Wiedergutmachung aller Schmerzen und Verletzungen
Deines Unbefleckten Herzens,
als Sühnopfer zur Linderung der Schmerzen,
die Du um uns Menschen leidest,
als Werkzeuge in Deinem Kampf gegen das Böse,
und zum Heil der Welt.
Schatzmeisterin und Verwalterin aller Gnade,
geruhe, diese Gebetsblumen zu verteilen,
an wen es Dir gefällt, wann es Dir gefällt
und in dem Maße, wie es Dir gefällt.
Danke, liebe Mutter Maria und lieber Jesus,
für alles was ihr bereits für uns Menschen
seit Eurem Leben hier auf Erden getan habt.
Macht uns dieses Opfers würdig. Amen

Myriam van Nazareth

Maria, Königin des Friedens,
bitte für uns und die ganze Welt! (3mal)

4.Woche 3.Tag

AUFERSTEHUNG

Geist Gottes, Du Geist der Wahrheit, Geist des Lichts,
meine Seele soll Deine Wohnung bleiben.
In Deinem Licht wird Gutes vervielfältigt,
Dein Hauch möge Dunkel und Nacht vertreiben.

Geist Gottes, Geist der Liebe, des Erbarmens,
durch Gnade gibst Du im Guten Beständigkeit.
Du gießt in mein Herz den Trost des Vertrauens
und schenkst mir ungebrochene Festigkeit.

Geist Gottes, Geist des Friedens und der Freude,
Du stärkst mein dürstendes Herz in der Glut.
Schenkst den lebendigen Quell Deiner Liebe,
im Kampf die Unerschrockenheit der Seele und Mut.

Geist Gottes, Du liebster Gast meiner Seele,
Dir will ich das Wort meiner Treue geben.
In den Stunden der Leiden wie auch der Freude,
will ich in Deiner Anwesenheit leben.

Geist Gottes, Du durchdringst mein ganzes Sein,
läßt mich Dein göttliches Licht erkennen,
führst mich in Dein göttliches Wesen hinein,
von Deiner Gegenwart kann mich nichts mehr trennen.
Amen Hl.Sr.Faustyna

Wir beten den glorreichen Rosenkranz
in den Anliegen der Muttergottes
und besonders zum Schutz der ungeborenen Kinder

DIE ERSCHEINUNG JESU VOR MARIA AUS MAGDALA

Maria aber stand draußen vor dem Grab und weinte. Während sie weinte, beugte sie sich in die Grabkammer hinein. Da sah sie zwei Engel in weißen Gewändern sitzen, den einen dort, wo der Kopf, den einen dort, wo die Füße des Leichnams Jesu gelegen hatten. Die Engel sagten zu ihr: Frau, warum weinst du? Sie antwortete ihnen: Man hat meinen Herrn weggenommen, und ich weiß nicht, wohin man ihn gelegt hat. Als sie das gesagt hatte, wandte sie sich um und sah Jesus dastehen, wusste aber nicht, dass es Jesus war. Jesus sagte zu ihr: Frau, warum weinst du? Wen suchst du? Sie meinte es sei der Gärtner, und sagte zu ihm: Herr, wenn du Ihn weggebracht hast, sag mir, wohin du ihn gelegt hast. Dann will ich ihn holen. Jesus sagte zu ihr: Maria! Da wandte sie sich zu ihm und sagte auf hebräisch zu ihm: Rabbuni!, das heißt: Meister. Jesus sagte zu ihr: Halte mich nicht fest; denn ich bin noch nicht zum Vater hinaufgegangen. Geh aber zu meinen Brüdern und sag zu ihnen: Ich gehe hinauf zu meinem Vater und zu eurem Vater, zu meinem Gott und zu eurem Gott. Maria von Magdala ging zu den Jüngern und sagte zu ihnen: ich habe den Herrn gesehen. Und sie richtete aus, was er ihr gesagt hatte. Joh 20,11-18

LETZTE ANWEISUNGEN UND BELEHRUNGEN DES AUFERSTANDENEN

Beim gemeinsamen Mahl gebot er ihnen: Geht nicht weg von Jerusalem, sondern wartet auf die Verheißung des Vaters, die ihr von mir vernommen habt. Johannes hat mit Wasser getauft, ihr aber werdet schon in wenigen Tagen mit dem Heiligen Geist getauft. Als sie nun beisammen waren, fragten sie ihn: Herr, stellst Du in dieser Zeit das Reich für Israel wieder her? Er sagte zu ihnen: Euch steht es nicht zu, Zeiten und Fristen zu erfahren, die der Vater in seiner Macht festgesetzt hat. Aber ihr werdet die Kraft des Heiligen Geistes empfangen, der auf euch herabkommen wird; und ihr werdet meine Zeugen sein in Jerusalem und in ganz Judäa und Samarien und bis an die Grenzen der Erde. Apg 1,4-8

DIE AUFERSTEHUNG JESU

Im gleichen Augenblick vereinigte sich die Seele des Herrn wieder mit dem Leib und verlieh ihm damit zugleich unsterbliches Leben und die Glorie. Anstatt der Linnen und Salben, womit er zum Begräbnis zubereitet worden war, wurde er jetzt mit den vier Gaben der Glorie bekleidet, nämlich mit der Klarheit, Leidensunfähigkeit, Behendigkeit und Feinheit. Diese Gaben gingen von der Seele unseres gütigsten Jesus auf Seinen mit der Gottheit vereinigten Leib über. Sie hätten ihm schon seit dem ersten Augenblick Seiner Empfängnis als Erbe und als natürliche Ausstattung gebührt, weil Seine heiligste Seele schon damals im Stande der Verklärung sich befand und Seine ganze unschuldigste Menschheit mit der Gottheit vereinigt war; allein sie wurden damals zurückgehalten, so dass sie sich dem reinsten Leibe nicht mitteilen konnten, damit dieser leidensfähig bleibe und der Herr für uns die Glorie verdiene. Die Herrlichkeit der heiligsten Seele Christi kann von unserer beschränkten Fassungskraft nicht begriffen und geschildert werden. Im Vergleich mit seiner Reinheit ist selbst der Kristall dunkel. Das ihm innewohnende und von ihm ausstrahlende Licht übertrifft das der übrigen verherrlichten Leiber ebenso weit, als der Tag die Nacht, ja selbst mehr als tausend Sonnen einen einzigen

Stern. Würde man die Schönheit aller Geschöpfe in einer Kreatur zusammen vereinigen, so würde sie, mit der Schönheit des Leibes Christi verglichen, als etwas Hässliches erscheinen. In der ganzen Schöpfung finden wir kein Gleichnis, um die Herrlichkeit des auferstandenen Heilandes anschaulich zu machen.

Maria von Agreda

TAGEBUCH DER SR. FAUSTYNA

Während der Auferstehungsfeier erblickte ich den Herrn in Schönheit und Glanz. Er sagte zu mir: Meine Tochter, Friede sei mit dir, segnete mich und entschwand. Meine Seele füllte sich mit unbeschreiblicher Freude und Frohsinn. Mein Herz wurde zum Kampf und zum Leiden gestärkt.

DER ERSTGEBORENE UNTER DEN TOTEN

Nachdem Jesus Christus seinen Geist in die Hände des Vaters übergeben hatte, trat er zuerst mit seinem Heiligsten Geist in das Reich des Lebens ein, anstelle des Adams, der der erste Mensch hätte sein sollen, der eintrat um am himmlischen Volk teilzunehmen, und der wegen seiner Übertretung Tausende von Jahren warten musste, um mit dem dem Geist wieder verbundenen Fleisch dort eintreten zu können. Jesus nicht. Im selben Augenblick, in dem er mit lautem Ruf den Geist aufgab, wurde seine gerechteste Seele wie die eines jeden Menschen vom Vater gerichtet. Seine Seele, die sich aus unendlicher Liebe ihrer Natur als Gottmensch alle vergangenen, gegenwärtigen und zukünftigen Schulden der Menschheit aufgeladen hatte, aber nicht die Schuld, die die Gnade wegnimmt, welche das Leben der Seele ist. Und er hatte sie sich aufgebürdet, um sie alle durch seine vollkommene Opferung zu sühnen. Genauso wie vor der Vollendung des Opfers Er „ihn behandelte, der keine Sünde kannte, als wäre Er selbst Sünde“ (2 Kor 5,21); genauso „erhob Er ihn und gab ihm einen Namen, der über allen anderen Namen ist, sosehr, dass sich jedes Knie im Himmel, auf der Erde und in der Hölle im Namen Jesu beugen

muß, und jede Zunge bekennen muß, dass der Herr Jesus Christus in der Herrlichkeit Gottes des Vaters ist“ (Phil 2,9-11).
Und da er gerichtet war, jubelte seine Menschen-Seele, die die Vollendung erreicht hatte, sofort im Herrn und ruhte in Ihm bis zu dem Moment, der, sobald sie sich wieder mit dem Körper vereint hatte, aus dem Lebendigen, als der Er getötet worden war, den glorreichen Auferstandenen machte; den ersten glorreichen Auferstandenen auch dem Fleische nach, der erste im Himmel mit Körper und Seele geborene Mensch, Erstling der Auferstandenen, Verheißung der Auferstehung für die Gerechten und Unterpfand für den Besitz des Reiches, dessen König Er ist und erstgeborener Erbe.
Und damit alle Brüder Anteil an diesem ewigen, heiligen, königlichen Erbe haben, hat Er den Bund mit ihnen im heiligen Testament mit seinem eigenen Blut geschrieben.
Jesus; der Erstgeborene der vielen Erstgeborenen, hat so als Erster des Reiches ergriffen, wo Er der König der Könige und der Herr der Ewigkeit ist nach dem Willen des Vaters, dessen der da ist der Allmächtige, das Alpha und das Omega, der Anfang und das Ende, die Macht, die Weisheit und die Liebe, dessen, der alles weiß, und alles, was Er tut, mit Vollkommenheit und für ein gutes Ziel tut. Darum zeugte Er sein Wort und gab Ihm, als die Zeit gekommen war, einen Leib, opferte Ihn dann und legte Ihm, als Er auferstanden und verherrlicht war, in Seine durchbohrten Hände die Macht des Gerichtes.

aus: Das Morgenrot einer neuen Zeit – Maria Valtorta

KOMM, SCHÖPFER GEIST

In der Erlösung erneuert sich dieses Wechselspiel: im Augenblick der Inkarnation gibt uns der Heilige Geist das lebendige Wort Gottes, Jesus, empfangen durch den Heiligen Geist; im Ostergeheimnis ist es das fleischgewordene Wort, das vom Kreuze aus den Heiligen Geist über die Kirche ausgießt.

Raniero Cantalamessa

GEBET ZU MARIA, KÖNIGIN DES FRIEDENS

Liebe Mutter Maria,
Gottes Schöpfung ist befleckt durch Krieg,
Uneinigkeit, Streit, Unverständnis, Hass,
Intoleranz, Missgunst, Neid, Eifersucht,
Bruderzwist, Mord, Totschlag, Zerstörung, Quälerei,
Folter, Verachtung und allem Leid,
das Menschen einander antun.
Ich bitte Dich, laß das Licht
aus Deinen zärtlichen Augen uns Menschen
den Weg zum Keim der Heiligkeit
in unseren Seelen zurückfinden.
Möge die Kraft Deiner Liebe
die vereisten Herzen der Menschen auftauen,
und damit den Antichrist,
den ewigen Meister des Hasses, entwaffnen.
O Königin des Friedens, lass uns,
deren Herzen durch die Folgen der Erbsünde,
des Verstoßes gegen Gottes Plan,
zerrissen wurden, Deine Friedensapostel sein,
damit wir gemeinsam mit unserer Himmlischen Herrin
das Kommen der Friedensära einleiten mögen. Amen.

Myriam van Nazareth

Maria, Königin des Friedens,
bitte für uns und für die ganze Welt! (3mal)

4.Woche 4.Tag

BEICHTE

Komm, Vater des Lichts,
komm, Gott der barmherzigen Liebe,
forme Du mein Gebet in mir, zeige mir die Wahrheit,
senke in meine Seele ein glühendes Scheit deines Feuers,
das sie flammend durchdringt und mit Gott erfüllt.
Komm, Heiliger Geist,
Du erweckst Blutzeugen und Bekenner,
Apostel und Propheten, große Helden und Herzen.
Allein Deiner Führung vertraute mein Erlöser sich an;
wie Ihn führe auch mich, auf dass ich Ihm folge. Amen.

Wir beten den lichtreichen Rosenkranz
in den Anliegen der Muttergottes
und besonders zum Schutz der ungeborenen Kinder.

Fastennovene bei Brot und Wasser zum Weihetag

DIE BEAUFTRAGUNG DER JÜNGER

Am Abend dieses ersten Tages der Woche, als die Jünger aus Furcht vor den Juden die Türen verschlossen hatten, kam Jesus, trat in ihre Mitte, und sagte zu ihnen: Friede sei mit euch! Nach diesen Worten zeigte er ihnen seine Hände und seine Seite. Da freuten sich die Jünger, dass sie den Herrn sahen.
Jesus sagte noch einmal zu ihnen: Friede sei mit euch! Wie mich der Vater gesandt hat, so sende ich euch. Nachdem er das gesagt hatte, hauchte er sie an und sprach zu ihnen: Empfangt den Heiligen Geist! Wem ihr die Sünden vergebt, dem sind sie vergeben; und wem ihr die Vergebung verweigert, dem ist sie verweigert. Thomas, genannt Didymus (Zwilling), einer der zwölf, war nicht bei ihnen, als Jesus kam. Die anderen Jünger sagten zu ihm: Wir haben den Herrn gesehen. Er entgegnete ihnen: Wenn ich nicht die Male der Nägel an seinen Händen

sehe und wenn ich meinen Finger nicht in die Male der Nägel und meine Hand nicht in seine Seite lege, glaube ich nicht. Acht Tage darauf waren seine Jünger wieder versammelt und Thomas war dabei. Die Türen waren verschlossen. Da kam Jesus, trat in ihre Mitte und sagte: Friede sei mit euch! Dann sagte er zu Thomas: Streck deinen Finger aus – hier sind meine Hände! Streck deine Hand aus und leg sie in meine Seite und sei nicht ungläubig, sondern gläubig! Thomas antwortete ihm: Mein Herr und mein Gott! Jesus sagte zu ihm: Weil du mich gesehen hast, glaubst du. Selig, die nicht sehen und doch glauben.

Joh 20,19-29

JESUS UND DIE EHEBRECHERIN

Jesus aber ging zum Ölberg. Am frühen Morgen begab er sich wieder in den Tempel. Alles Volk kam zu ihm. Er setzte sich und lehrte es. Da brachten die Schriftgelehrten und Pharisäer eine Frau, die beim Ehebruch ertappt worden war. Sie stellten sie in die Mitte, und sagten zu ihm: Meister, diese Frau wurde beim Ehebruch auf frischer Tat ertappt. Mose hat uns im Gesetz vorgeschrieben, solche Frauen zu steinigen. Nun, was sagst du? Mit dieser Frage wollten sie ihn auf die Probe stellen, um einen Grund zu haben, ihn zu verklagen. Jesus aber bückte sich und schrieb mit dem Finger auf die Erde. Als sie hartnäckig weiterfragten, richtete er sich auf und sagte zu ihnen: Wer von euch ohne Sünde ist, werfe als Erster einen Stein auf sie. Und er bückte sich wieder und schrieb auf die Erde. Als sie seine Antwort gehört hatten ging einer nach dem anderen fort, zuerst die Ältesten. Jesus blieb allein zurück mit der Frau, die noch in der Mitte stand. Er richtete sich auf und sagte zu ihr: Frau, wo sind sie geblieben? Hat dich keiner verurteilt? Sie antwortete: Keiner, Herr. Da sagte Jesus zu ihr: Auch ich verurteile dich nicht. Geh und sündige von jetzt an nicht mehr. Joh 8,1.-11

AM OKTAVTAG DER AUFERSTEHUNG DES HERRN WIE SIE DEN HEILIGEN GEIST EMPFING

Am ersten Sonntag nach Ostern, während im Evangelium gelesen wurde, wie der Herr seinen Jüngern durch Anhauchen den Heiligen Geist erteilte, bat sie ihn mit inniger Andacht, er möge auch ihr seinen lieblich strömenden Geist erteilen.
Der Herr antwortete: „Wenn du verlangst, den Heiligen Geist zu empfangen, so musst du zuvor nach Art meiner Jünger meine Seite und meine Hände berühren.“ Dabei erkannte sie, dass „die Seite des Herrn berühren“ heißt: mit Dankbarkeit die Liebe seines göttlichen Herzens erwägen, in der er uns von Ewigkeit her zu Kindern und Erben seines Reiches vorausbestimmt hat, und uns Unwürdigen mit unendlichen Gütern beständig zuvorkommt und uns Undankbaren folgt.
Auch die Hände des Herrn muß derjenige, der den Heiligen Geist empfangen will, berühren, d.h. er muß mit Dankbarkeit die einzelnen Werke der Erlösung beherzigen, worin der Herr dreiunddreißig Jahre aus Liebe zu uns sich abgemüht hat, und besonders sein Leiden und Sterben. Ist er durch die Erinnerung hieran und durch die Dankbarkeit erwärmt worden, dann opfere er Gott sein ganzes Herz auf in Vereinigung mit jener Liebe, in welcher er gesprochen hat: „Wie mich der Vater gesandt hat, so sende ich euch,“ zu jeglichem Wohlgefallen des göttlichen Willens, so dass er in nichts etwas anderes verlangt als das höchste Wohlgefallen Gottes; außerdem biete er sich an, alles zu tun und zu ertragen, was der Herr ihm auferlegt. Wenn jemand das tut, so empfängt er ohne Zweifel den Heiligen Geist, den Tröster, in derselben Gesinnung, in welcher die Jünger an diesem Tag ihn durch Anhauchung des Sohnes Gottes empfingen.
Darauf hauchte der Herr auch sie an, gab ihr den Heiligen Geist und sagte: „Wessen Sache du durch meinen Heiligen Geist beurteilst und den du unschuldig findest, der wird auch bei mir erscheinen, weil ich durch deinen Mund reden werde.“ Sie sagte: „Da Deine Herablassung, o gütigster Herr, mich dieses

Geschenkes wiederholt versichert hat, was gewinne ich jetzt dadurch, da du es mir von Neuem erteilst?“

Der Herr erwiderte: „Wenn jemand zum Diakon und nachher zum Priester geweiht wird, so verliert er hierdurch nicht das Amt des Diakons, sondern gewinnt durch das Priestertum größere Ehre. So wird auch das Geschenk, das der Seele wiederholt wird, durch die Wiederholung in ihr gefestigt und ihre Seligkeit wird vermehrt.

Hl.Gertrud von Helfta

VON EINER GEHEIMNISVOLLEN ERNEUERUNG DER SAKRAMENTE

Da sie eines Tages ihr Herz erforschte, fand sie Einiges, das sie gern gebeichtet hätte. Weil sie aber keinen Beichtvater haben konnte, flüchtete sie zu dem einzigen Tröster, dem Herrn Jesus Christus, und klagte ihm diese Schwierigkeit. Der Herr antwortete ihr: „Warum betrübst du dich. So oft du es verlangst, werde ich, der höchste Priester und wahre Bischof, bei dir sein und jedes mal die sieben Sakramente zugleich in deiner Seele wirksamer erneuern, als dies irgendein Priester oder Hoherpriester zu sieben Malen vermöchte.

Denn mit meinem kostbaren Blut werde ich dich taufen, in der Kraft meines Sieges dich firmen, in der Treue meiner Liebe dich mir vermählen, in der Vollkommenheit meines heiligsten Wandels dich weihen, in der Huld meiner Barmherzigkeit von jeder Fessel der Sünde dich lossprechen, in dem Übermaß meiner Liebe dich mit mir selber speisen und sättigen und in der Süßigkeit meines Geistes dein ganzes Innere mit so wirksamer Salbung durchdringen, dass die Fülle der Andacht durch alle deine Sinne und Bewegungen träufeln wird, so dass du ohne Unterlaß befähigt und geheiligt wirst zum ewigen Leben.

Gesandter der göttlichen Liebe – Hl.Gertrud von Helfta

DIE UNENDLICHE GÜTE GOTTES
IN DER ERSCHAFFUNG DES MENSCHEN

O Gott, aus Barmherzigkeit
hast Du das menschliche Geschlecht
vom Nichts zum Sein berufen und hast es reichlich
mit natürlichen und übernatürlichen Gnaden beschenkt.
Das war Deiner Güte noch nicht genug.
In Deiner Barmherzigkeit schenkst Du uns das ewige Leben.
Du lässt uns zu Deinem ewigen Glück kommen,
an Deinem inneren Leben teilhaben
und das allein aufgrund Deiner Barmherzigkeit.
Du beschenkst uns mit Deiner Gnade allein deshalb,
weil Du gut und von Liebe erfüllt bist.
Du hast uns nicht gebraucht um glücklich zu sein,
aber Du, Herr, willst Dein ganzes Glück mit uns teilen.
Der Mensch jedoch bestand die Probe nicht.
Du hättest ihn mit ewiger Verdammnis bestrafen können,
wie die Engel, aber hier trat deine Barmherzigkeit hervor,
Dein Inneres wurde von großem Mitleid ergriffen
und Du versprachst, unsere Erlösung selbst zu vollbringen.
Das ist der unbegreifliche Abgrund Deines Erbarmens;
Du hast uns nicht bestraft, wie wir es verdient hätten.
Deine Barmherzigkeit, Herr, sei gepriesen;
über Jahrhunderte hinaus werden wir sie preisen.
Und die Engel wunderten sich
über die Größe der Barmherzigkeit,
die Du den Menschen erwiesen hast ...
Amen Hl.Sr. Faustyna

WEIHE AN DIE SCHMERZENSREICHE MUTTER
VOR DER BEICHTE

O Maria,
Schmerzensreiche Mutter
mein Herz ist von meiner Sündhaftigkeit
und allen meinen Fehlern und Nachlässigkeiten zerrissen.
Mein Herz blutet beim Anblick Deiner Leiden
aufgrund der vielen Verirrungen Deiner Kinder.
In tiefer Reue schenke ich Dir mein Herz,
so dass es von Deiner vollkommenen Liebe
erfüllt werden möge,
die jede Schwäche in der Seele überwindet.
Ich gebe Dir meine Reue.
Möge sie in Deinem Herzen
in Rohstoff zur Wiederherstellung
meiner verletzten Seele umgewandelt werden.
Mögen meine Tränen meine Seele reinigen.
Geruhe, auch Deine eigenen Tränen
in meine Seele zu stürzen,
so dass ihr Boden fruchtbarer werden möge für
Werke, Gefühle, Gedanken und Worte,
die einen Blumenteppich
vollkommener Liebe in die Seelen säen.
Nimm mich restlos in Dein Herz auf, o zärtliche Mutter,
so dass meine Selbstaufopferung Jesu Kreuz erleichtern
und Deine eigene Heiligkeit meinem ganzen weiteren Leben
Richtung geben möge. Amen

Myriam van Nazareth

Maria, Königin des Friedens,
bitte für uns und die ganze Welt! (3mal)

4.Woche 5.Tag

PFINGSTEN

Herr, sende Deinen Geist, und alles wird neu geschaffen.
Du erneuerst das Angesicht der Erde.
Herr, sende Dein erstes Pfingsten.
Jesus, gewähre all Deinen innig, geliebten Priestern
die Gnade der Unterscheidung der Geister,
erfülle sie mit Deinen Gaben,
steigere ihre Liebe, mach aus allen wachsame Apostel
und wahre Heilige unter den Menschen.
Heiliger Geist, Gott der Liebe
komm mit einem mächtigen Wind in unsere Kathedralen,
in unsere Kirchen, in unsere Kapellen, in unsere Zönakel,
in die prächtigsten Häuser
so wie in die einfachsten Wohnstätten.
Erfülle die ganze Erde mit Deinem Licht,
mit Deinen Tröstungen und Deiner Liebe.
Komm, Geist der Liebe,
bringe der Welt die Erfrischung Deines heiligsten Atems,
umhülle alle Menschen mit dem Glanz Deiner Gnade!
Erobere sie alle im Glanz Deiner Herrlichkeit.
Komm und stärke sie in der Gegenwart,
die noch so dumpf in der Angst ist,
erhelle die bei vielen ungewisse Zukunft,
stärke diejenigen,
die noch auf Deinen göttlichen Wegen zögern.
Amen Marthe Robin

Wir beten den glorreichen Rosenkranz
in den Anliegen der Muttergottes
und besonders zum Schutz der ungeborenen Kinder

DIE PFINGSTPREDIGT DES PETRUS

Da trat Petrus auf, zusammen mit den Elf; er erhob seine Stimme und begann zu reden: Ihr Juden und alle Bewohner von Jerusalem! Dies sollt ihr wissen, achtet auf meine Worte! Diese Männer sind nicht betrunken, wie ihr meint; es ist ja erst die dritte Stunde am Morgen; sondern jetzt geschieht, was durch den Propheten Joel gesagt worden ist: In den letzten Tagen wird es geschehen, so spricht Gott: Ich werde von meinem Geist ausgießen über alles Fleisch. Eure Söhne und Töchter werden Propheten sein, eure jungen Männer werden Visionen haben, und eure Alten werden Träume haben. Auch über meine Knechte und Mägde werde ich meinen Geist ausgießen in jenen Tagen und sie werden Propheten sein.
Ich werde Wunder erscheinen lassen droben am Himmel und Zeichen unten auf der Erde: Blut und Feuer und qualmenden Rauch. Die Sonne wird sich in Finsternis verwandeln und der Mond in Blut, ehe der Tag des Herrn kommt, der große und herrliche Tag. Und es wird geschehen: Jeder, der den Namen des Herrn anruft, wird gerettet. Apg 2,14-21

Brüder, darf ich freimütig über den Patriarchen David reden: Er starb und wurde begraben und sein Grabmal ist bei uns erhalten bis auf den heutigen Tag. Da er ein Prophet war und wusste, dass Gott ihm den Eid geschworen hatte, einer von seinen Nachkommen werde auf seinem Thron sitzen, sagte er vorausschauend über die Auferstehung des Christus: Er gibt ihn nicht der Unterwelt preis, und sein Leib schaut die Verwesung nicht. Diesen Jesus hat Gott auferweckt, dafür sind wir alle Zeugen. Nachdem er durch die rechte Hand Gottes erhöht worden war und vom Vater den verheißenen Heiligen Geist empfangen hatte, hat er ihn ausgegossen, wie ihr seht und hört. David ist nicht zum Himmel aufgestiegen; Vielmehr sagt er selbst: Es sprach der Herr zu meinem Herrn: Setze Dich mir zur Rechten, und ich lege Dir Deine Feinde als Schemel unter die Füße.

Mit Gewissheit erkenne also das ganze Land Israel: Gott hat ihn zum Herrn und Messias gemacht, diesen Jesus, den ihr gekreuzigt habt. Apg 2,29-36

DIE HERABKUNFT DES HEILIGEN GEISTES

Zur gleichen Stunde, in welcher der Heilige Geist im Speisesaal auf das heilige Kollegium der Apostel sich niedergelassen hatte, kam er alljährlich wieder auf die Mutter Jesu, die Braut und den Tempel des Heiligen Geistes, herab. Diese Herabkunft war nicht weniger feierlich als die erste. Der Heilige Geist kam in der sichtbaren Gestalt von Feuer, mit wunderbarem Glanz und unter Brausen herab. Diese Zeichen aber waren nicht wahrnehmbar, wie sie es bei der ersten Ankunft gewesen waren. Nur Johannes hatte zum Teil davon Kenntnis. Während dieser großen Gnade standen ihr Tausende von Engeln zur Seite, die in überaus lieblichen Weisen das Lob des Herrn feierten. Der Heilige Geist entflammte Maria ganz und gar und erneuerte sie durch Seine überfließenden Gaben und durch Vermehrung jener, die sie schon vorher in einem so ausgezeichneten Grade besaß. Hierauf dankte Maria in demütigster Weise für diese Gnade, wie auch für jene, die Er den Aposteln und Jüngern erwiesen hatte. Auch dankte sie Ihm, dass Er durch Seine Herabkunft das

Werk der Erlösung besiegelt hatte. Hierauf bat sie den Heiligen Geist in einem längeren Gebet, die Ströme seiner Gnade und Weisheit in gegenwärtigen wie in zukünftigen Zeiten der heiligen Kirche zufließen zu lassen und sie nie zurückzuhalten, wenn auch die Menschen durch ihre Sünden Ihn beleidigen und Seiner Gnaden sich unwürdig machen würden. All diese Bitten gewährte der Heilige Geist Seiner auserwählten Braut, und die heilige Kirche genoß die Früchte dieser Bitten zu jeder Zeit und wird sie genießen bis an das Ende der Welt.

Maria von Agreda

VOM HONIGSTRÖMENDEN PFINGSTFEST (1)

Als sie an der heiligen Vigil bei dem göttlichen Offizium um die Vorbereitung auf die Ankunft des Heiligen Geistes andächtig betete, hörte sie im Geist, wie der Herr mit trauter Freundlichkeit zu ihr sagte: „Ihr werdet in euch die Kraft des über euch kommenden Heiligen Geistes empfangen". Während sie durch diese Worte des Herrn eine wunderbare Süßigkeit empfand, begann sie zugleich in Demut ihre Unwürdigkeit zu überdenken. Dabei schien es ihr, dass sie hierdurch gleichsam einen Grund in ihrem Herzen lege, und zwar um so tiefer, je mehr sie sich unwürdig erachtete. Dann träufelte aus dem honigfließenden Herzen des Sohnes Gottes eine überaus helle, honigähnliche Flüssigkeit, die den Grund ihres Herzens allmählich durchdrang und es bis oben anfüllte, wodurch die Süßigkeit des Heiligen Geistes in die Herzen der Auserwählten lieblich überströmt.
Hierauf segnete der Sohn Gottes mit seiner göttlichen Hand den also angefüllten Grund ihres Herzens nach Art des Taufbrunnens, damit die Seele in ihn eintretend von jeglichem Makel gereinigt und ihm wohlgefällig würde. Indem Gertrud sich dieser Segensgnade erfreute, sagte sie zum Herrn:

„Sieh, o mein Herr,
ich unwürdige Sünderin bekenne mit Schmerz
dass ich leider aus menschlicher Schwachheit
gegen Deine Allmacht,
aus Unwissenheit gegen Deine göttliche Weisheit

und aus Bosheit gegen Deine unschätzbare Güte
vielfältig gesündigt habe.
Deshalb erbarme Dich meiner, o Vater der Barmherzigkeit,
und gib mir durch Deine Allmacht Kraft,
allem zu widerstehen, was Dir entgegen ist,
durch Deine Weisheit die Vorsicht, es zu vermeiden,
und durch Deine Güte die Gnade,
mit so standhafter Treue Dir anzuhängen,
dass ich niemals auch nur im Geringsten
von Deinem göttlichen Willen abweiche. Amen“

Durch diese Worte schien sie in jenen Grund wie zur Wiedergeburt versenkt zu werden. Nach einer Weile hieraus zurückkehrend, erschien sie, von jedem Sündenmakel gereinigt, weißer als der Schnee. So nun vor das Angesicht der göttlichen Majestät tretend, empfahl sie sich dem Schutz aller Heiligen, wie die Getauften sich ihren Paten empfehlen, begehrend und bittend, dass alle für sie beten möchten.
Darauf erhoben sich alle Heiligen und brachten dem Herrn ihre Verdienste dar zur Ergänzung aller Nachlässigkeiten und Mängel, derselben, wodurch ihre Seele wunderbar geschmückt ward.

Gesandter der göttlichen Liebe –Hl. Gertrud von Helfta

BEFREIUNG

Allmächtiger Gott, von Licht, Liebe und ewigem Leben,
in der unüberwindlichen Kraft
des Kreuzes, der Wunden und des Blutes
Deines Sohnes Jesu Christi, Messias und Erlöser der Seelen,
und im alles durchdringenden Licht des Heiligen Geistes
bitte ich Dich um die Ergießung der Gnade
einer totalen Befreiung dieser Seele
aus dem Einfluß einer jeden finsteren Kraft.
Ich bitte Dich darum durch die unendlichen Verdienste
der Allerheiligsten Jungfrau Maria,
ewig frei von jeglicher Sünde,

Königin von Himmel und Erde und Herrin aller Seelen,
die mit der unbegrenzten Macht bekleidet wurde,
über alle Engel und über jegliche Quelle
der Finsternis zu herrschen.
Möge ihr Fuß jede Kraft, die diese Seele quält,
brechen, demütigen und unterwerfen.
Möge sie, die Sie ab ihrer Unbefleckten Empfängnis
jegliche Äußerung der Finsternis
total und vollkommen beherrscht,
den Lebensweg dieser Seele von jeder Falle des Bösen
und von jeglichem Schaden und jeglicher Bedrohung
von Seiten des Bösen befreien.
Möge sie, die sie Trägerin der neu gestaltenden Macht ist,
diese Seele verwandeln
in eine Burg von Stärke gegen jegliche Versuchung,
jeglichen finsteren Einfluß und jegliche Schwäche
gegenüber den Kräften des Bösen.
Möge diese Seele von nun an ihr Leben weiterführen
unter der vollkommenen Herrschaft
der Allerheiligsten Jungfrau Maria
und unter ihrem allermächtigsten Schutz.
Möge der Heilige Erzengel Michael
jegliche weitere Bedrohung dieser Seele
von Seiten der Finsternis entkräften
und diese Seele Tag und Nacht
auf allen ihren Wegen begleiten wie ein Schild aus Feuer.
Allmächtiger ewiger Gott,
geruhe diese Seele in Dich aufzunehmen,
damit sie von nun an
im wahren Frieden Christi, Deines Sohnes,
und in der vollkommenen himmlischen Liebe Mariens,
der Mutter aller Menschen, leben möge. Amen

Myriam van Nazareth

Maria, Königin des Friedens,
bitte für uns und die ganze Welt! (3mal)

GABEN DES HEILIGEN GEISTES

Geist des Lichtes,
vertreibe all die Dunkelheiten auf der Erde,
führe alle verirrten Schafe in den göttlichen Schoß,
helle die Wolken mit Deiner geheimnisvollen Klarheit auf.
Offenbare Dich den Menschen,
und dieser Tag möge die Ankündigung
einer neuen Morgenröte sein.
Erfülle alle Herzen mit Deinen
vielfältigen und herrlichen Gaben,
göttliche Frucht des Opfers am Kalvarienberg,
herrlicher Lohn der Verheißungen Christi.
Göttlicher Geist, Feuer der Liebe,
Freude, die jede Fülle übersteigt,
Licht, das die tiefste Finsternis vertreibt;
Anreger eines jeden Lobpreises,
Geist der Wahrheit, versieh alle Seelen
mit dem Geschmack nach den heiligen Dingen.
Laß sie in die tiefen Schönheiten
Deiner geheimnisvollen Wohnstätten eindringen.
Sie mögen in das verborgene Reich
der göttlichen Geheimnisse eintreten,
gemäß dem Versprechen des Wortes.
Und ihr ganz umgewandeltes, ganz verklärtes,
ganz in Christus vergöttlichtes Leben
wird durch den Wert Deiner göttlichen Reichtümer selbst
eine unendliche Kraft erhalten.
Göttlicher Tröster in unseren Bedrängnissen,
kostbarer Zauber jeder fruchtbaren Einsamkeit,
Urheber all unserer Freuden, geheiligter Same
eines jeden christlichen Lebens,
breite über das ganze All Deine Weite aus.
Erfülle die Welt mit Deinem Reichtum.
Nimm unser menschliches Wesen
in das Geheimnis Deiner göttlichen Einheit auf.

Präge in die Herzen das Siegel
der Verheißungen des Vaters ein.
Wische jeden Schatten aus unserem Angesicht.
Laß alle Lippen die Trunkenheit vom Kelche Jesu kosten,
und bald wird eine Erntezeit
der Heiligen im Lichte anbrechen. Amen

Marthe Robin

Wir beten den glorreichen Rosenkranz
in den Anliegen der Muttergottes
und besonders zum Schutz der ungeborenen Kinder

ERSTE BEKEHRUNGEN

Als sie das hörten, traf es sie mitten ins Herz, und sie sagten zu Petrus und den übrigen Aposteln: Was sollen wir tun, Brüder? Petrus antwortete ihnen: Kehrt um und jeder lasse sich auf den Namen Jesu Christi taufen zur Vergebung seiner Sünden; dann werdet ihr die Gabe des Heiligen Geistes empfangen. Denn euch und euren Kindern gilt die Verheißung und all denen in der Ferne, die der Herr, unser Gott, herbeirufen wird. Mit noch vielen anderen Worten beschwor und ermahnte er sie: lasst euch retten aus dieser verdorbenen Generation! Die nun, die sein Wort annahmen, ließen sich taufen. An diesem Tag wurden (ihrer Gemeinschaft) etwa dreitausend Menschen hinzugefügt. Sie hielten an der Lehre der Apostel fest und an der Gemeinschaft, am Brechen des Brotes und an den Gebeten.
Alle wurden von Furcht ergriffen; denn durch die Apostel geschahen viele Wunder und Zeichen. Und alle, die gläubig geworden waren, bildeten eine Gemeinschaft und hatten alles gemeinsam. Sie verkauften Hab und Gut und gaben davon allen, jedem so viel, wie er nötig hatte. Tag für Tag verharrten sie einmütig im Tempel, brachen in ihren Häusern das Brot und hielten miteinander Mahl, in Freude und Einfalt des Herzens. Sie lobten Gott und waren beim ganzen Volk beliebt.

Apg 2,37-47

Als sie sich aber durch besonderes Gebet bemühte, die sieben Gaben des Heiligen Geistes zu erlangen, und zuerst um die Gabe der Furcht des Herrn bat, damit sie von allen Übeln zurückgezogen würde, schien der Herr sogleich inmitten ihres Herzens einen Baum von herrlichem Wuchs zu pflanzen, der, seine Äste ausbreitend, die ganze Wohnstätte ihres Herzens beschattete.
Derselbe aber hatte auch einige gebogene Stacheln, aus denen die schönsten Blüten nach oben gerichtet hervorsprossten. Durch den Baum wurde, wie sie erkannte, die heilige Furcht des Herrn gesinnbildet, die gleichsam mit Stacheln die Seele durchsticht, und von allen Sünden zurückzieht, durch die Blüten aber jener Wille, wodurch der Mensch verlangt, vermittelst der Furcht des Herrn gegen jede Sünde gestärkt zu werden.
Wenn so der Mensch durch die Furcht des Herrn irgendein gutes Werk vollbringt oder Böses unterlässt, dann bringt jener Baum die schönsten Früchte hervor. Auch die anderen Gaben erschienen in Gestalt herrlicher Bäume, welche besondere Früchte nach ihren besonderen Kräften hervorbrachten.
So tropfte von den Bäumen der Wissenschaft und der Frömmigkeit ein sanfter Tau herab, woraus sie erkannte, dass diejenigen, welche in diesen Tugenden sich üben, von dem lieblichsten Tau besprengt grünen und blühen. Von den Bäumen des Rates und der Stärke hingen goldene Stricke, was bedeutete, dass durch den Geist des Rates und der Stärke die Seele zur Erfassung geistiger Dinge hingezogen wird.
Von den Bäumen der Weisheit und des Verstandes aber flossen süße Bächlein, um auszudrücken, dass durch den Geist der Weisheit und des Verstandes die Süßigkeit des göttlichen Genusses auf die Seele wirksam einströmt und sie lieblich sättigt.
In der heiligen Pfingstnacht aber fühlte sie bei den Metten eine solche Schwäche, dass sie nicht länger beiwohnen konnte, und sagte zum Herrn: „Was kannst Du, mein Herr, davon an Ehre und Lob gewinnen, dass ich Unwürdige dem göttlichen Offizium nur so kurze Zeit beiwohne?“ Der Herr antwortete: „Sieh, damit

du durch das Bild äußerer Dinge zur geistigen Erkenntnis geführt werdest, erwäge, was der Bräutigam dadurch gewinnt, dass er seiner Braut nur eine Weile zur Ergötzung seines Herzens Liebe erweist. Niemals aber kann ein Bräutigam an den Liebeserweisen seiner Braut nur eine solche Freude haben wie Ich in der, wenn auch noch so kurzen Stunde, in der Meine Auserwählten Mir reine Herzen darbieten, um Mich an ihnen zu ergötzen." Hl.Gertrud von Helfta

DIE MORGENDÄMMERUNG

Ich rufe die Seelen dazu auf, ihre Herzen für die volle Wahrheit zu öffnen, das heißt also, einschließlich der erst in diesen Tagen geoffenbarten Wahrheit über Mich, für ein richtiges Verständnis der unübersehbaren Wirkungen der Erbsünde und ihrer sämtlichen Folgen, der Zerstörungswerke Satans und seines freiwilligen Gefolges, unter den aufsässigen Engeln. Und unter den noch auf Erden lebenden Menschenseelen und der weitgehenden Verleugnung Meiner wirklichen Natur und Eigenschaften. Der Allerhöchste offenbart sich nun in der Fülle Meiner Herrlichkeit und Macht als wieder ein neuer Akt Seiner grenzenlosen Barmherzigkeit, damit die Seele ihren freien Willen dazu benutzt, die richtige Wahl zu treffen. Gott hat mich jetzt geoffenbart als die Herrin aller Seelen, um die Werke Christi in den Seelen zu vollenden. Myriam van Nazareth

ABENDGEBET
vor dem Herrn im Tabernakel

O Gott, im Gefängnis des Tabernakels verborgen,
freudig komme ich abends zu Dir,
um Dir zu danken für die Gnaden, die Du mir geschenkt hast
und um Verzeihung zu bitten für alle Fehler,
die ich im Laufe des Tages begangen habe.
O Jesus, allzu oft bin ich abends traurig, weil ich fühle,
wie wenig ich Deiner Gnade entsprochen habe.

Wäre ich inniger mit Dir vereint und gelöster gewesen,
es wäre mir leicht gefallen, mich mit Dir zu unterhalten.
Doch weit davon entfernt, mich entmutigen zu lassen,
komme ich voll Vertrauen zu Dir,
denn ich weiß, nicht die Gesunden
brauchen den Arzt, sondern die Kranken.
Darum bitte ich Dich, mir zu verzeihen.
Sei Du selber, o Jesus, der Heiland meiner Seele.
Nehme keine Rücksicht auf mein Widerstreben,
denn ich will ja nichts anderes als was Du willst.
Darum will ich morgen, mit der Hilfe Deiner Gnade,
wiederum versuchen, ein neues Leben anzufangen,
das gänzlich ein Akt der Liebe und der Entsagung sein wird.
Und wie ich jeden Abend zu Dir gekommen bin,
so werde ich auch am letzten Abend zu Dir kommen,
da der Tag anbricht, der keinen Abend kennt
und ich ruhen werde von der Mühsal
der irdischen Verbannung. So sei es. Amen

Hl.Sr.Faustyna

VERHERRLICHUNG DER MACHT MARIENS AUS JEDER FINSTEREN KRAFT

Gepriesen und verherrlicht sei die Macht Mariens,
der Königin von Himmel und Erden,
unendlich weit über allen Geschöpfen erhaben
und von Gott zur Herrin sämtlicher Engel gemacht,
einschließlich der aufsässigen Engel,
die jetzt die Seelen quälen und in Finsternis untertauchen.

Gepriesen und verherrlicht sei die Macht Mariens,
Gottes Heilmittel gegen jegliche Versuchung,
Besiegerin von jeglicher Sünde und
Finsternis und Schrecken der Dämonen.

Sämtliche Seelen preisen die unendliche Macht
und Herrlichkeit Mariens als Herrin über all dasjenige,
was von Gott erschaffen worden ist.
Kräfte der Finsternis, die Allerheiligste Jungfrau Maria
befiehlt euch, euch jetzt zu ihren Füßen zu erniedrigen
und ihre unüberwindliche Macht über euch zu preisen.

Im Namen des dreieinen Gottes,
des Vaters, des Sohnes und des Hl.Geistes,
bitten wir Maria, jegliche finstere Kraft, die uns beengt,
je nach Ihrem Wohlwollen zur Verherrlichung
Ihrer unbegrenzten Macht und Herrlichkeit endgültig
von uns zu vertreiben oder unter Ihren Füßen zu zertreten.
Dazu bekennen wir als Zeugnis gegen alle Finsternis,
daß wir unser ganzes Wesen, unseren Lebensweg
und unser Schicksal der Macht Mariens
als unbestreitbarer Herrin aller Seelen im Himmel,
auf Erden und in den Regionen der Finsternis ausliefern.

Möge unsere himmlische Herrin uns schützen
und von jeglicher finsteren Kraft befreien
und die Fülle Ihrer Macht über die Dämonen entfalten,
zu deren ewigen Demütigung
und zur Gründung von Gottes Reich auf Erden

Myriam van Nazareth

Maria, Königin des Friedens,
bitte für uns und die ganze Welt! (3mal)

SENDUNG

Des göttlichen Geistes Wehen durchflutet das All;
und über der Erde Grenzen schlagen seiner Liebe Wellen.
Die Erde hat Feuer gefangen;
denn in des Heil`gen Geistes Feuer
brennen die Herzen der Seinen.
Die ewige Liebe macht trunken das himmlische Sion;
und es jubeln in ihr die Kinder des Lichtes.
Kinder des Lichtes sind da alle,
die in Wahrheit wandeln die Wege des Herrn.
Ergieße Dich in unsere Herzen, erhabener Gott,
dass wir wie heil`ge Flammen gen Himmel lodern!
Und dass wir künden Deines Reiches Herrlichkeit,
in dem Du lebst mit dem Vater und dem Sohne
von Ewigkeit zu Ewigkeit.
Alleluja! Amen. Br.Pankratius

Wir beten den glorreichen Rosenkranz
in den Anliegen der Muttergottes
und besonders zum Schutz der ungeborenen Kinder

ZEICHEN UND WUNDER DER APOSTEL

Durch die Hände der Apostel geschahen viele Zeichen und Wunder im Volk. Alle kamen einmütig in der Halle Salomos zusammen. Von den übrigen wagte niemand, sich ihnen anzuschließen; aber das Volk schätzte sie hoch. Immer mehr wurden im Glauben zum Herrn geführt, Scharen von Männern und Frauen. Selbst die Kranken trug man auf die Straßen hinaus und legte sie auf Betten und Bahren, damit, wenn Petrus vorüberkam, wenigstens sein Schatten auf einen von ihnen fiel.
Auch aus den Nachbarstädten Jerusalems strömten die Leute zusammen und brachten Kranke und von unreinen Geistern Geplagte mit. Und alle wurden geheilt. Apg 5,12-16

DIE TAUFE DES KORNELIUS

Ihr wisst, was im ganzen Land geschehen ist, angefangen in Galiläa, nach der Taufe, die Johannes verkündet hat; wie Gott Jesus von Nazareth gesalbt hat mit dem Heiligen Geist und mit Kraft, wie dieser umherzog, Gutes tat und alle heilte, die in der Gewalt des Teufels waren; denn Gott war mit ihm. Und wir sind Zeugen für alles, was er im Land der Juden und in Jerusalem getan hat. Ihn haben sie an den Pfahl gehängt und getötet. Gott aber hat ihn am dritten Tag auferweckt und hat ihn erscheinen lassen, zwar nicht dem ganzen Volk, wohl aber den von Gott vorherbestimmten Zeugen: uns, die wir mit ihm nach seiner Auferstehung von den Toten gegessen und getrunken haben. Und er hat uns geboten, dem Volk zu verkündigen und zu bezeugen: Das ist der von Gott eingesetzte Richter der Lebenden und der Toten. Von ihm bezeugen alle Propheten, dass jeder, der an ihn glaubt, durch seinen Namen die Vergebung der Sünden empfängt.
Noch während Petrus dies sagte, kam der Heilige Geist auf alle herab, die das Wort hörten. Die gläubig gewordenen Juden, die mit Petrus gekommen waren, konnten es nicht fassen, dass auch auf die Heiden die Gabe des Heiligen Geistes ausgegossen wurde. Denn sie hörten sie in Zungen reden und Gott preisen. Petrus aber sagte: Kann jemand denen das Wasser zur Taufe verweigern, die ebenso wie wir den Heiligen Geist empfangen haben? Und er ordnete an, sie im Namen Jesu Christi zu taufen.

Apg 10,37-48

VOM HONIGSTRÖMENDEN PFINGSTFEST (3)

Als sie aber zur Kommunion ging, schien der Herr aus allen seinen hochheiligen Gliedern durch den süßesten Hauch ihre Seele zu erquicken, wodurch sie eine unaussprechliche Wonne empfand. Diese hatte sie, wie sie erkannte, dadurch verdient, dass sie um die Gaben des Heiligen Geistes so eifrig gebetet

hatte. Nach der Kommunion opferte sie Gott Vater den ganzen hochheiligen Lebenswandel Jesu Christi auf, zum Ersatz dafür, dass sie von der Stunde an, wo sie in der Taufe wiedergeboren, den Heiligen Geist empfing, diesem würdigsten Gast niemals eine entsprechende Wohnung in ihrem Herzen und in ihrer Seele dargeboten habe.
Da flog der Heilige Geist gleichsam mit dem Ungestüm eines Adlers auf das lebensspendende Sakrament in Gestalt einer Taube, suchte das süßeste Herz Jesu, ging in dasselbe ein und gab damit zu verstehen, er sei mit der Herberge in dieser allerheiligsten Brust sehr zufrieden.
Beim Hymnus der Terz: Komm, Schöpfer Geist! erschien ihr der Herr Jesus und öffnete mit beiden Händen zugekehrt sein Herz, das mit aller Süßigkeit erfüllt ist. Sie beugte die Knie und fiel auf ihr Angesicht nieder, so dass ihr Haupt inmitten des Herzens des Herrn ruhte. Der Herr aber richtete ihr Haupt auf, schloß um dasselbe sein göttliches Herz und vereinigte dadurch mit sich und heiligte in sich selber ihren Willen, der das Haupt der Seele genannt wird. Beim zweiten Vers sodann: Der Du der Tröster wirst genannt, legte sie, vom Herrn belehrt, beide Hände in das göttliche Herz und gewann die Hilfe des göttlichen Trostes in allen ihren Werken, so dass sie sämtlich dem Herrn künftighin auf das Beste gefallen würden.
Bei dem dritten Vers: Du siebenfaches Gnadenpfand, legte sie die Füße ebenso in das Herz des Herrn nieder und verdiente die Heiligung aller Wünsche, welche durch dic Füße bezeichnet werden. Weiterhin beim vierten Vers: Zünd an in uns Dein Gnadenlicht! Empfing sie die Verheißung, ihre Sinne sollten so erleuchtet werden, dass durch sie auch andere in der Erkenntnis gefördert und in der Liebe entzündet würden.
Beim fünften Vers: Den Feind vertreib, neigte der Herr sich huldvoll zur Seele und gab ihr den beseligenden Kuß seiner Liebe, wodurch er wie mit dem festesten Schild alle Nachstellungen des Feindes von ihr vertrieb. Hierdurch aber empfand sie eine solche Süßigkeit in der Seele, dass sie klar erkannte, das sei es, wovon ihr tags vorher war gesagt worden:

„Ihr werdet in euch die Kraft des über euch kommenden Heiligen Geistes empfangen."

Gesandter der göttlichen Liebe - Hl.Gertrud von Helfta

DIE LIEBE RUFT - AUFRUF AN DIE GANZE WELT
DIE ANTWORT DES MENSCHEN

„Josefa, willst Du, dass ich dir meine Wünsche sage? Sieh meine Wunden an! Ich möchte die Sünder da hineinführen! Ja, heute Nacht will ich viele Seelen hier hineinziehen! Nimm mein Kreuz, Meine Nägel, Meine Dornenkrone, Ich werde den Seelen nachgehen, und wenn sie nahe daran sind, in den Abgrund zu stürzen, will ich Ihnen das Licht schenken, damit sie den rechten Weg wieder finden."

Stundenlang erduldet Josepha an ihrem Kopf, an Händen, Füßen und am ganzen Leib unsagbare Schmerzen, die von den Leidenswerkzeugen Christi herrühren.

„Die Zeit erschien mir sehr lang" – schreibt sie – „ich glaubte sogar, dass mehr als eine Nacht so hingegangen sei. In diesem Zustand sah ich plötzlich den Heiland in leuchtender Helle und Ihm zur Seite in den Strahlen, die aus Seinen Händen drangen, viele Seelen."

„Schau, das sind jene, die auf meine Stimme gehört haben! Sie wären verlorengegangen, wenn sie sich nicht an mich gehalten hätten. Doch ich war da, um sie zu retten und ihnen mitten in der Finsternis das Licht zu geben! Jetzt werden sie mir folgen und meine getreuen Schäflein sein...

Gib mir meine Schätze zurück und ruhe in meinem Herzen!"

Sr.Josefa Menendez

LOBGEBET AN DIE GOTTESMUTTER

O liebevollste Mutter, reinste Jungfrau,
Mutter meines Erlösers!
Sei gegrüßt mit der innigsten Liebe,
die ein Kinderherz für Dich haben kann.
Ja, Mutter, ich bin Dein Kind,
und weil meine Ohnmacht so groß ist,
mache ich mir die göttliche Liebesglut
aus dem Herzen Deines göttlichen Sohnes zu eigen;
mit dieser Liebe grüße ich Dich als die Allerreinste,
die nach dem Wohlgefallen
des dreimal heiligen Gottes geschaffen ist.
Du bist ohne Makel der Erbsünde empfangen,
frei von jeder Verderbnis, und allen Regungen
der Gnade immer treu gewesen.
Dadurch hast Du Dir so große Verdienste erworben,
dass Du über alle Geschöpfe erhoben wurdest.
Zur Mutter Jesu Christi auserwählt, hast Du ihn
wie in einem ganz reinen Heiligtum behütet,
und Er, der gekommen ist, der Welt das Leben zu schenken,
hat aus Dir das Leben genommen
und seine Nahrung empfangen.
O unvergleichliche Jungfrau! Unbefleckte Jungfrau!
Wonne der heiligsten Dreifaltigkeit!
Dich bewundern die Engel und Heiligen,
Du Freude der Himmel!
Du Morgenstern! Du blühender Rosenstrauch,
schneeweiße Lilie. Du verschlossener Garten,
nur zur Freude des himmlischen Vaters bepflanzt.
Du bist meine Mutter, weiseste Jungfrau,
kostbare Arche, die alle Tugenden umschließt!
Du bist meine Mutter, mächtigste Jungfrau,
gütigste Jungfrau, getreue Jungfrau!
Du bist meine Mutter, Zuflucht der Sünder!

Ich grüße Dich und freue mich, dass der Allmächtige
Dir so viele Gaben geschenkt hat
und Dich mit so vielen Vorzügen krönte.
Sei gebenedeit und gelobt, Mutter meines Erlösers,
Mutter der armen Sünder! Hab Erbarmen mit uns
und birg uns unter Deinem mütterlichen Schutz.
Ich grüße Dich im Namen aller Menschen,
aller Engel und aller Heiligen!
Ich möchte Dich lieben mit der Glut
der liebentflammten Seraphim,
und da dies noch zu wenig ist, um mein Verlangen zu stillen,
so grüße ich Dich durch Deinen göttlichen Sohn,
der mein Erlöser, mein Heiland,
mein Vater und mein Bräutigam ist.
Ich grüße Dich mit der Heiligkeit
der anbetungswürdigen Dreifaltigkeit,
mit der Reinheit des Heiligen Geistes...
Mit diesen göttlichen Personen benedeie ich Dich
und möchte Dir ewiglich ein reines Lob darbringen.
O unvergleichliche Jungfrau! Segne mich,
weil ich ja Dein Kind bin. Segne alle Menschen!
Beschütze sie und bitte für sie beim allmächtigen Gott,
der Dir nichts verweigern kann.
Liebste Mutter, ich grüße Dich Tag und Nacht,
in der Zeit und in der Ewigkeit. Amen

Josepha Menendez

Maria, Königin des Friedens,
bitte für uns und die ganze Welt! (3mal)

5.Woche ALLERHEILIGSTE DREIFALTIGKEIT

1.Tag GOTT VATER

O verzehrendes Feuer, Geist der Liebe, komm über mich,
damit in meiner Seele gleichsam
eine neue Menschwerdung des Wortes geschehe:
Möge ich ihm eine zusätzliche Menschheit sein,
und Du, o Vater, neige Dich
zu Deinem armen, geringen Geschöpf herab,
bedecke es mit Deinem Schatten,
sieh in ihm nur noch dcn Viclgclicbten,
an dem Du Dein Wohlgefallen hast.
Amen

Sel. Elisabeth von der Dreifaltigkeit

Wir beten den glorreichen Rosenkranz
in den Anliegen der Muttergottes
und besonders zum Schutz der ungeborenen Kinder

Wir fasten bei Brot und Wasser bis zum Weihetag

GOTT ZU GAST BEI ABRAHAM

Der Herr erschien Abraham bei den Eichen von Mamre. Abraham saß zur Zeit der Mittagshitze am Zelteingang. Er blickte auf und sah vor sich drei Männer stehen. Als er sie sah, lief er ihnen vom Zelteingang aus entgegen, warf sich zur Erde nieder und sagte: Mein Herr, wenn ich Dein Wohlwollen gefunden habe, geh doch an Deinem Knecht nicht vorbei! Man wird etwas Wasser holen; dann könnt ihr euch die Füße waschen und euch unter dem Baum ausruhen. Ich will einen Bissen Brot holen, und ihr könnt dann nach einer kleinen Stärkung weitergehen; denn deshalb seid ihr doch bei eurem Knecht vorbeigekommen. Sie erwiderten: Tu, wie Du gesagt hast. Da lief Abraham eiligst ins Zelt zu Sara und rief: Schnell drei Sea feines Mehl! Rühr es an und backe Brotfladen! Er lief weiter zum Vieh, nahm ein zartes, prächtiges Kalb und übergab es dem Jungknecht, der es schnell zubereitete. Dann nahm Abraham Butter, Milch und das Kalb, das er hatte zubereiten lassen, und setzte es ihnen vor. Er wartete ihnen unter dem Baum auf, während sie aßen. Sie fragten ihn: Wo ist deine Frau Sara? Dort im Zelt, sagte er. Da sprach der Herr: In einem Jahr komme ich wieder zu dir, dann wird deine Frau Sara einen Sohn haben. Sara hörte am Zelteingang hinter seinem Rücken zu. Abraham und Sara waren schon alt; sie waren in die Jahre gekommen. Sara erging es längst nicht mehr, wie es Frauen zu ergehen pflegt. Sara lachte daher still in sich hinein und dachte: Ich bin doch schon alt und verbraucht und soll noch das Glück der Liebe erfahren? Auch ist mein Herr doch schon ein alter Mann! Da sprach der Herr zu Abraham: Warum lacht Sara und sagt: Soll ich wirklich noch Kinder bekommen, obwohl ich schon so alt bin? Ist beim Herrn etwas unmöglich? Nächstes Jahr um diese Zeit werde ich wieder zu dir kommen; dann wird Sara einen Sohn haben. Sara leugnete: Ich habe nicht gelacht. Sie hatte nämlich Angst. Er aber sagte: Doch, du hast gelacht. Die Männer erhoben sich von ihrem Platz und schauten gegen Sodom. Abraham wollte mitgehen, um sich zu verabschieden. Da sagte sich der Herr:

Soll ich Abraham verheimlichen, was ich vorhabe? Abraham soll doch zu einem großen, mächtigen Volk werden, durch ihn sollen alle Völker der Erde Segen erlangen. Denn ich habe ihn dazu auserwählt, dass er seinen Söhnen und seinem Haus nach ihm aufträgt, den Weg des Herrn einzuhalten und zu tun, was gut und recht ist, damit der Herr seine Zusagen an Abraham erfüllen kann. Genesis 18,1-20

DER DREIFALTIGE GOTT IN SEINER GRÖSSE

Birgitta spricht einmal bewundernd von Gott so: Gebenedeit bist Du, mein Gott, der Du dreieinig und doch nur einer bist, dreifaltig in den Personen und einer im Wesen! Du bist die Güte und die Weisheit, die Schönheit und die Macht. Du bist die Gerechtigkeit und die Wahrheit, durch die alles ist und lebt und besteht. Du gleichst fürwahr einer Blume, die auf dem Feld einzigartig wächst, und von der alle, die ihr nahe kommen, Süßigkeit im Geschmack, Erleuchtung im Verstand, Ergötzung für die Augen und Stärkung in den übrigen Gliedern erhalten. So werden alle, die sich Dir, o Gott nahen, dadurch schöner, dass sie die Sünde verlassen, dadurch weiser, dass sie Deinen Willen, nicht aber das Begehren des Fleisches befolgen, dadurch gerechter, dass sie in allem den Nutzen der Seele und Gottes Ehre erstreben. Darum, o liebreichster Gott, gewähre mir, dass ich das liebe, was Dich erfreut, nämlich den Versuchungen mannhaft zu widerstehen, alles Weltliche geringzuachten und Dich beständig in meinem Gedächtnis zu behalten. Amen

Hl. Birgitta von Schweden

TAGEBUCH DER SR. FAUSTYNA

Als ich getröstet und belehrt wurde, wie ich auf den Wegen Gottes wandeln sollte, erfreute sich meine Seele im Herrn, und ich hatte den Eindruck, nicht zu gehen, sondern zu laufen.

Meine Flügel wurden zum Flug gelöst, und ich fing an, direkt in die Glut der Sonne aufzusteigen, und ich werde nicht tiefergehen, bis ich in ihm ruhen werde, in dem meine Seele für ewig versank. Ich gab mich vollkommen dem Einfluß der Gnade hin. Tief sind die Herablassungen Gottes zu meiner Seele. Weder weiche ich, noch rede ich mich aus, sondern versinke in ihm als meinem einzigen Schatz. Eins bin ich mit dem Herrn, der Abgrund zwischen Schöpfer und Geschöpf schwindet.
Einige Tage lang war meine Seele wie in dauernder Ekstase. Die Gegenwart Gottes verließ mich nicht einen Augenblick. Meine Seele weilte in ständiger liebender Vereinigung mit dem Herrn. Aber bei der Erfüllung meiner Pflichten hinderte mich das nicht. Ich fühlte, dass ich in Liebe umgewandelt bin, ich brannte ganz, doch ohne Schaden. Ununterbrochen versank ich in Gott. Gott zog mich so kräftig und gewaltig an Sich, dass ich mir zuweilen nicht bewusst war, noch auf Erden zu sein.

O mein Jesus, es gibt nichts Besseres
für die Seele als Erniedrigung.
In der Verschmähung liegt das Geheimnis des Glücks.
Wenn die Seele erkennt, dass sie aus sich selbst
ein Nichts und lauter Elend ist
und alles, was sie an Gutem hat, Gottes Geschenk ist,
wenn sie alles in sich als geschenkte Gabe sieht
und dass lediglich das Elend ihr Eigentum ist,
bleibt sie in ständiger Demut vor der Herrlichkeit Gottes;
Gott aber, der die Seele in dieser Verfassung sieht,
verfolgt sie mit seinen Gnaden.
Wenn eine Seele sich in den Abgrund ihres Elends vertieft,
wird sie von Gott kraft seiner Allmacht erhöht.
Wenn hier auf Erden eine Seele wahrhaft glücklich ist,
dann kann das nur eine wahrhaft
aufrichtig demütige Seele sein.
Anfangs leidet die Eigenliebe sehr darunter,
aber nach tapferem Durchhalten
verleiht Gott der Seele viel Einsicht und sie erkennt,
wie elend und trügerisch alles ist.

Nur Gott allein ist in ihrem Herzen.
Eine demütige Seele baut nicht auf sich selbst,
sondern sie setzt ihr ganzes Vertrauen auf Gott.
Gott verteidigt eine demütige Seele
und macht sich mit ihren Angelegenheiten vertraut;
dann verbleibt die Seele im höchsten Glück,
das niemand begreifen kann. Amen

Am Abend, als ich in der Zelle saß, erblickte ich plötzlich eine große Helligkeit, hoch oben in der Helligkeit ein großes, dunkelgraues Kreuz. Unversehens wurde ich in die Nähe des Kreuzes gerückt, doch obwohl ich es betrachtete, konnte ich nichts verstehen, und so betete ich um Erkenntnis. Da erblickte ich den Herrn, und das Kreuz verschwand. Jesus saß in dieser großen Helligkeit. Seine Füße versanken bis zu den Knien in diesem Licht, so dass ich sie nicht sehen konnte. Jesus neigte sich zu mir, blickte gütig und sprach zu mir vom Willen des Himmlischen Vaters. Er sagte, dass die Seele, die den Willen des himmlischen Vaters tue, die vollkommenste und heilig sei, aber es gäbe nur wenige solcher Seelen. In besonderer Liebe schaue Er auf eine Seele, die nach seinem Willen lebe. Jesus fügte hinzu, dass ich in vollendeter Weise, also vollkommen den Willen Gottes tue. „Deswegen vereinige ich mich mit dir auf diese besondere, innige Art und pflege Umgang mit dir.“ Mit einer unbegreiflichen Liebe umfasst Gott die Seele, dic nach seinem Willen lebt. Ich begriff, wie sehr uns Gott liebt, wie schlicht und doch unbegreiflich Er ist, wie einfach der Umgang mit Ihm ist, trotz Seiner großen Herrlichkeit. So umgänglich und so ungezwungen fühle ich mich mit niemandem, wie mit Ihm. Selbst eine Mutter vermag sich mit ihrem eigenen Kind, das sie aufrichtig liebt, nicht so zu verstehen, wie meine Seele mit Gott. Als ich mit dem Herrn so verbunden war, sah ich zwei bestimmte Personen und ihr innerer Zustand war mir nicht verborgen; traurig war die Verfassung dieser Seelen, aber ich vertraue, dass auch sie Gottes Barmherzigkeit preisen werden.

ALLPREIS

Gepriesen sei Gott!
Gepriesen sei Sein heiliger Name!
Gepriesen sei Gottes hochheilige Dreiheit!
Gepriesen sei Jesus Christus,
wahrer Gott und wahrer Mensch!
Gepriesen sei der heilbringende Name Jesus!
Gepriesen sei Sein Heiligstes Herz!
Gepriesen sei Sein Heiliges Kreuz!
Gepriesen sei Jesus, auferstanden von den Toten
und aufgefahren in den Himmel!
Gepriesen sei Jesus,
der wiederkommen wird in Herrlichkeit!
Gepriesen sei Jesus
im Allerheiligsten Sakrament des Altars!
Gepriesen sei die allheilige Gottesgebärerin,
die immerwährende Jungfrau Maria!
Gepriesen sei Maria, mit Christus die Weisheit!
Gepriesen sei ihre heilige Seele,
nächst Christi Seele geschaffen im Anfang vor allem!
Gepriesen sei ihre heilige, unbefleckte Empfängnis!
Gepriesen sei Maria, da sie stand unter dem Kreuz!
Gepriesen sei Maria,
zur Herrlichkeit des Himmels aufgenommen!
Gepriesen sei ihr kostbarer Name!
Gepriesen sei ihr verehrungswürdiges Herz!
Gepriesen sei Gott der Vater,
Gott der Sohn und der Heilige Geist!
Jetzt und in Ewigkeit! Amen

Nach Papst Pius VII (1800-1823)

WEIHEGEBET

O reinstes Herz Mariens,
übervoll von Güte, zeig uns Deine Liebe.
Deines Herzens Flamme, o Maria,
komme herab auf alle Menschen.
Präge Deine Liebe in unsere Herzen ein,
so dass wir uns nach Dir sehnen.
Wir lieben Dich unendlich.
O Maria, milden und demütigen Herzens,
steh uns bei, wenn wir sündigen.
O gib, dass wir durch Dein reinstes und mütterliches Herz
von allem, was unsere Seele krank macht, geheilt werden.
Gib, dass wir immer
die Güte Deines mütterlichen Herzens schauen können
und dass wir uns
durch die Flamme Deines Herzens bekehren.
Amen.

Maria, Königin des Friedens,
bitte für uns und die ganze Welt! (3mal)

GOTT SOHN

O Liebe, Heiliger Geist,
Du bist in der Allerheiligsten Dreifaltigkeit
der unaussprechliche Kuß,
der das mächtige Band des Vaters und des Sohnes bildet.
O mein Jesus, zieh mich durch den Hauch Deines Geistes
an Dich und nimm mich in Dich auf.
Lasse mich in Deinem göttlichen Wesen vergehen,
in dem ewigen Kuß der unendlichen Vereinigung,
und gewähre mir dann,
Dich zu sehen und zu besitzen
und Dich in Ewigkeit zu genießen.
Denn mein Herz verzehrt sich nach Dir, nach Dir dürstet es.
O wann darf ich Dich, mein Geliebter, endlich genießen?
O komm, entreiße mich dieser Verbannung;
es ist meine immer brennendere Sehnsucht,
Dich in Dir selbst zu erkennen und glühend zu lieben.
O mein Geliebter, Du kennst das Sehnen meines Herzens.
O Liebe, beeile Dich, meine Sehnsucht zu stillen. Amen

Hl. Gertrud

Wir beten den lichtreichen Rosenkranz
in den Anliegen der Muttergottes
und besonders zum Schutz der ungeborenen Kinder

DIE AUFERWECKUNG DES LAZARUS ALS ZEICHEN

Als Jesus ankam, fand er Lazarus schon vier Tage im Grab liegen. Betanien war nahe bei Jerusalem, etwa fünfzehn Stadien entfernt. Viele Juden waren zu Marta und Maria gekommen, um sie zu trösten. Als Marta hörte, dass Jesus komme, ging sie ihm entgegen, Maria aber blieb im Haus. Marta sagte zu Jesus: Herr, wärst Du hier gewesen, dann wäre mein Bruder nicht gestorben. Aber auch jetzt weiß ich: Alles, worum Du Gott

bittest, wird Gott Dir geben. Jesus sagte zu ihr: Dein Bruder wird auferstehen. Marta sagte zu ihm: Ich weiß dass er auferstehen wird bei der Auferstehung am letzten Tag. Jesus erwiderte ihr: Ich bin die Auferstehung und das Leben. Wer an mich glaubt wird leben, auch wenn er stirbt, und jeder, der lebt und an mich glaubt, wird auf ewig nicht sterben. Glaubst Du das? Marta antwortete ihm: Ja, Herr, ich glaube, dass Du der Messias bist, der Sohn Gottes, der in die Welt kommen soll.
Nach diesen Worten ging sie weg, rief heimlich ihre Schwester Maria und sagte zu ihr: Der Meister ist da und lässt Dich rufen. Als Maria dorthin kam, wo Jesus war, und ihn sah, fiel sie ihm zu Füßen und sagte zu ihm: Herr, wärst Du hier gewesen, dann wäre mein Bruder nicht gestorben. Als Jesus sah, wie sie weinte und wie auch die Juden weinten, die mit ihr gekommen waren, war er im Innersten erregt und erschüttert. Er sagte: Wo habt ihr ihn bestattet? Sie antworteten ihm: Herr, komm und sieh! Da weinte Jesus. Die Juden sagten: Seht, wie lieb er ihn hatte! Einige aber sagten: Wenn er dem Blinden die Augen geöffnet hat, hätte er dann nicht auch verhindern können, dass dieser hier starb? Da wurde Jesus wiederum innerlich erregt, und er ging zum Grab. Es war eine Höhle, die mit einem Stein verschlossen war. Jesus sagte: Nehmt den Stein weg! Marta, die Schwester des Verstorbenen, entgegnete ihm: Herr, er riecht aber schon, denn es ist bereits der vierte Tag. Jesus sagte zu ihr: Habe ich dir nicht gesagt: Wenn du glaubst, wirst du die Herrlichkeit Gottes sehen? Da nahmen sie den Stein weg. Jesus aber erhob seine Augen und sprach: Vater, ich danke Dir, dass Du mich erhört hast. Ich wusste, dass Du mich immer erhörst; aber wegen der Menge, die um mich herum steht, habe ich es gesagt; denn sie sollen glauben, dass Du mich gesandt hast. Nachdem er dies gesagt hatte, rief er mit lauter Stimme: Lazarus, komm heraus! Da kam der Verstorbene heraus; seine Füße und Hände waren mit Binden umwickelt und sein Gesicht war mit einem Schweißtuch verhüllt. Jesus sagte zu ihnen: Löst ihm die Binden und lasst ihn weggehen. Joh 11,17-44

DIE TRINITÄTSVISION BEI EINER PRIMIZ

Bei einer Primiz in Rom hatte Brigitta eine Vision, die sie so schildert:
An einem Pfingsttag feierte ein Priester seine erste hl.Messe in einem Kloster. Bei der Erhebung des Leibes Christi sah die Braut (Brigitta) ein Feuer vom Himmel über den ganzen Altar herniederfahren. In der Hand des Neupriesters aber erblickte sie die Brotsgestalt (der Hostie) und in der Brotsgestalt ein lebendiges Lamm und im Lamm ein Gesicht wie das eines Menschen, das in Flammen stand. Sodann vernahm sie eine Stimme, die zu ihr sprach: „Wie du jetzt das Feuer auf den Altar niederfahren siehst, so kam in ähnlicher Weise Mein Heiliger Geist an einem solchen Tag wie heute auf meine Apostel herab und entflammte ihre Herzen. Das Brot aber wird durch das Wort (der Konsekration) ein lebendiges Lamm, das heißt, mein Leib. Im Lamm aber ist ein Gesicht, und im Gesicht das Lamm, weil der Vater im Sohn und der Sohn im Vater ist und der Heilige Geist in beiden ist. „Wiederum erblickte die Braut in der Hand des Neupriesters bei der Erhebung der eucharistischen Gestalten einen Jüngling von wunderbarer Schönheit, der sprach: „Ich segne euch, die ihr glaubt, und werde denen, die nicht glauben, ein Richter sein.“

Hl.Brigitta von Schweden

JESUS IN MAGDALA;
ZWEITE BEGEGNUNG MIT MAGDALENA

Jesus erhebt seine Augen, und sein Blick folgt der Hand, die zitternd anklagt. In der Ecke, gegen die tiefrote Wand gelehnt, erblickt er, schamlos gekleidet und anstößiger denn je, Maria von Magdala. Die Hälfte ihres Körpers ist sozusagen unbekleidet, denn ihr Oberkörper ist in eine Art feines Netz aus sechseckigen Maschen gehüllt, das mit runden, wahrscheinlich kleinen Perlen, besetzt ist. Da sie im Halbdunkel steht, sehe ich sie nicht gut.

Jesus senkt die Augen. Maria, gereizt durch seine Gleichgültigkeit, richtet sich auf und nimmt Haltung an, während sie zuvor niedergeschlagen schien. „Frau“, sagt Jesus zur Mutter, „verwünsche niemanden! Antworte mir! Warum war dein Sohn in diesem Hause?“ „Ich habe es Dir schon gesagt. Weil sie ihn verrückt gemacht hat. Sie!“ „Schweig. Auch er war ein Sünder, denn er war ein Ehebrecher und diesen unschuldigen Kindern ein unwürdiger Vater. Er verdient also seine Strafe. In diesem und in jenem Leben gibt es keine Barmherzigkeit für den, der nicht bereut. Doch ich habe Erbarmen mit deinem Schmerz, Frau, und mit diesen unschuldigen Kindern. Ist dein Haus weit entfernt?“ „Etwa hundert Meter.“ „Hebt den Mann auf und bringt ihn dorthin.“ „Das ist nicht möglich, Meister,“ sagt der Händler Joseph. „Er liegt im Sterben.“
Sie schieben ein Brett unter den Sterbenden, und der Zug geht langsam hinaus. Sie überqueren die Straße und betreten einen schattigen Garten. Die Frauen weinen immer noch laut. Kaum sind sie im Garten angelangt, wendet sich Jesus an die Mutter. „Kannst du verzeihen? Wenn du verzeihst, verzeiht Gott. Um seiner Gnade würdig zu sein, muß man sich ein gutes Herz schaffen. Dieser Mann hat gesündigt und wird weiter sündigen. Für ihn wäre es besser zu sterben, denn wenn er zum Leben zurückkehrt, wird er erneut der Sünde verfallen, und er wird Gott, der ihn geheilt hat, auch Rechenschaft über seine Undankbarkeit ablegen müssen. Aber du und diese Unschuldigen (er zeigt auf die Frau und die Kinder), ihr würdet verzweifeln. Doch ich bin gekommen um zu retten, und nicht, um zu verderben. Mann, ich sage dir, steh auf und sei geheilt.“ Der Mann kehrt zum Leben zurück, öffnet die Augen, sieht die Mutter, die Kinder, seine Frau und senkt beschämt den Kopf.
„Sohn, Sohn“, sagt die Mutter. „Du wärst gestorben, wenn er dich nicht gerettet hätte. Gehe in dich! Verliere dich nicht im Sinnen wegen einer ...“Jesus unterbricht die Alte: „Frau, schweige! Sei barmherzig, wie auch Dir Barmherzigkeit widerfahren ist. Dein Haus ist durch das Wunder geheiligt, denn das Wunder ist

immer ein Beweis der Gegenwart Gottes. Daher konnte ich es nicht dort wirken, wo die Sünde war. Bewahre wenigstens du dein Haus rein, wenn schon dieser hier dazu nicht fähig sein wird. Pflegt ihn nun. Es ist gerecht, dass er noch eine Zeitlang leiden muß. Sei gut, Frau! Auch du! Und ihr, Kinder, lebt wohl.“ Jesus hat den beiden Frauen die Hand auf den Kopf gelegt und auch den Kindern.

Dann geht Jesus hinaus und an Magdalena vorbei, die dem Zug bis vor das Haus gefolgt und auf der angrenzenden Straße, an einen Baum gelehnt, stehengeblieben ist. Jesus geht langsamer, als warte er auf die Jünger, doch ich glaube, dass er Maria die Möglichkeit geben will, eine Geste zu machen. Aber sie tut es nicht. Die Jünger erreichen Jesus, und Petrus kann es sich nicht verkneifen, ein auf Maria gemünztes Schimpfwort in seinen Bart zu murmeln. Diese, um ihre Haltung nicht zu verlieren, bricht in ein Gelächter aus, das sich aber alles andere als triumphierend anhört. Doch Jesus hat die Bemerkung des Petrus gehört, wendet sich streng an ihn und sagt: „Petrus, ich beschimpfe nicht. Beschimpfe auch du nicht! Bete für die Sünder. Nichts anderes.“ Maria bricht ihr schallendes Gelächter ab, senkt den Kopf und entschwindet wie eine Gazelle in Richtung des Hauses.

Maria Valtorta

STURMGEBET ZUR UNBEFLECKTEN EMPFÄNGNIS

Opferung an den Sohn

O Maria, Unbefleckte Empfängnis,
mögest Du jetzt das Blut aller Märtyrer aller Zeiten
an den Sohn herantragen
zur Ergänzung seines Erlösungsopfers
zwischen Gethsemani und Kalvaria,
damit sein Reich komme.
Gegrüßet seist Du, Maria...

O Maria, Unbefleckte Empfängnis,
mögest Du jetzt alle Gebete aller Menschen aller Zeiten
an den Sohn herantragen
zur Ausgießung einer Sturzflut
der Barmherzigkeit und Vergebung über die Welt,
damit sein Reich komme.
Gegrüßet seist Du, Maria...

O Maria, Unbefleckte Empfängnis,
mögest Du jetzt alles Leid, das Menschen einander antun,
an den Sohn herantragen
zur Ausgießung der Gnade
einer vollkommenen Nächstenliebe unter allen Seelen,
damit sein Reich komme.
Gegrüßet seist Du, Maria...

O Maria, Unbefleckte Empfängnis,
mögest Du jetzt alle Opfer, Entsagungen und Bußübungen
aller Menschen aller Zeiten
an den Sohn herantragen zur Ausgießung
eines Überflusses an Nahrung für die Seele,
damit sein Reich komme.
Gegrüßet seist Du, Maria...

O Maria, Unbefleckte Empfängnis,
mögest Du jetzt alle Weiheakte an Dich und an Jesus
an den Sohn herantragen
zum Vollzug der Wunderwerke in den Seelen,
damit sein Reich komme. Amen.
Gegrüßet seist Du, Maria...

Myriam van Nazareth

Maria, Königin des Friedens,
bitte für uns und die ganze Welt! (3mal)

5.Woche 3.Tag

GOTT, HEILIGER GEIST

Herr Jesus Christus, unser Gott,
der Du Deinen Frieden den Menschen gegeben hast
und die Gabe des Allheiligen Geistes
– noch im Leben uns gegenwärtig –
als unentreißbares Erbe
den Gläubigen immerfort darbietest;
(der Du) sichtbarer aber dieselbe Gnade
Deinen Jüngern und Aposteln heute herabgesandt
und ihre Lippen durch feurige Zungen gekräftigt hast,
durch die wir (wiederum), das menschliche Geschlecht,
- mit dem Licht des Geistes erleuchtet und dem Irrtum
- (sozusagen) wie aus der Finsternis entrissen sind;
und (die wir) durch die Verteilung
der wahrnehmbaren und feurigen Zungen
und durch übernatürliche Wirksamkeit
den Glauben an Dich erlernt haben
und Dich mit dem Vater und dem Heiligen Geiste
in einer Gottheit, Macht und Gewalt
als Gott zu bekennen angefacht sind.
Du nun, Abglanz des Vaters,
seines Wesens und seiner Natur
unveränderliches und unbewegliches Abbild,
Quelle der Weisheit und der Gnade:
öffne auch mir Sünder die Lippen und lehre mich,
wie und wofür ich beten soll;
denn Du kennst die große Menge meiner Sünden.
Deine Barmherzigkeit aber wird
die Unzahl derselben überwinden.
Siehe, in Furcht stehe ich vor Dir
und werfe die Verzagtheit meiner Seele
in das Meer Deines Erbarmens;
leite mein Leben, der Du

durch (ein) Wort die ganze Schöpfung
mit (der) unaussprechlichen Macht der Weisheit leitest,
o stiller Hafen der vom Sturm bedrängten;
weise mir auch den Weg, den ich wandeln soll!
Den Geist Deiner Weisheit gib meinen Gedanken,
den Geist des Verstandes schenke meiner Unvernunft,
mit dem Geist Deiner Furcht überschatte meine Werke,
erneuere auch den rechten Geist in meinem Innern
und mit Deinem führenden Geist
stärke meine ausgleitenden Gedanken,
damit ich jeden Tag – durch Deinen guten Geist geführt
zu dem, was förderlich ist –
gewürdigt sei, Deine Gebote zu erfüllen
und ewig Deiner herrlichen,
über unsere Handlungen Rechenschaft fordernden
Wiederkunft zu gedenken.
Lasse mich nicht den vergänglichen Reizen
dieser Welt anschmiegen,
sondern stärke mich, nach dem Genusse
der zukünftigen Schätze zu streben!
Denn Du hast gesagt, o Gebieter, dass ein jeglicher (das),
was er auch immer erbitten werde
in deinem Namen, unverwehrt empfangen werde
von Deinem ewigen Gott und Vater. Amen

Byzantinische Kirche

Wir beten den glorreichen Rosenkranz
in den Anliegen der Muttergottes
und besonders zum Schutz der ungeborenen Kinder

DAS PFINGSTEREIGNIS

Als der Pfingsttag gekommen war, befanden sich alle am gleichen Ort. Da kam plötzlich vom Himmel her ein Brausen, wie wenn ein heftiger Sturm daherfährt, und erfüllte das ganze Haus, in dem sie waren. Und es erschienen ihnen Zungen wie von Feuer, die sich verteilten; auf jeden von ihnen ließ sich eine nieder. Alle wurden mit dem Heiligen Geist erfüllt und begannen, in fremden Sprachen zu reden, wie es der Geist ihnen eingab.

Apg 2,1-4

DAS LEBEN DER JUNGEN GEMEINDE

Alle wurden von Furcht ergriffen; denn durch die Apostel geschahen viele Wunder und Zeichen. Und alle, die gläubig geworden waren, bildeten eine Gemeinschaft und hatten alles gemeinsam. Sie verkauften Hab und Gut und gaben davon allen, jedem soviel, wie er nötig hatte. Tag für Tag verharrten sie einmütig im Tempel, brachen in ihren Häusern das Brot und hielten miteinander Mahl in Freude und Einfalt des Herzens. Sie lobten Gott und waren beim ganzen Volk beliebt. Und der Herr fügte täglich ihrer Gemeinschaft die hinzu, die gerettet werden sollten. Apg.2,43-47

DAS HEILIGE PFINGSTFEST

Nach Mitternacht entstand eine wunderbare Bewegung in der ganzen Natur, die allen Anwesenden sich mitteilte, welche an den Pfeilern des Saales und in den Seitenhallen in tiefer Innigkeit, mit über der Brust gekreuzten Armen still betend umher standen. Ruhe breitete sich über das Haus, und in seinem ganzen Umfang herrschte lautlose Stille.

Gegen Morgen sah ich über den Ölberg eine silberweiß glänzende Lichtwolke vom Himmel herab in sinkender Richtung dem Hause sich nähern. In der ersten Ferne sah ich wie eine runde Kugel, deren Bewegung ein süßer warmer Windstrom begleitete. Näherkommend wurde sie größer und zog wie eine leuchtende Nebelmasse über die Stadt, bis sie über Sion und dem Abendmahlshause, sich immer dichter zusammenziehend und stets durchsichtiger leuchtend, still stand und mit steigendem Windesbrausen gleich einer tief hängenden Gewitterwolke sich niedersenkte. Bei diesem Brausen sah ich viele Juden, welche die Wolke wahrnahmen, erschreckt nach dem Tempel eilen; und ich selber kam in eine kindische Angst, wohin ich mich verbergen könnte, wenn der Schlag erfolgen würde; denn das Ganze hatte Ähnlichkeit mit einem schnell heranziehenden Gewitter, das statt von der Erde herauf vom Himmel herab, statt dunkel ganz licht, statt donnernd sausend heranzieht. Diese sausende Bewegung fühlte sich wie tief erquickender warmer Luftstrom.

Als die Lichtwolke ganz nieder über das Abendmahlshaus herab hing und mit steigendem Sausen immer leuchtender wurde, sah ich auch das Haus und seine Umgebung immer heller, und die Apostel, Jünger und Frauen immer stiller und inniger werden. Gegen drei Uhr morgens vor Sonnenaufgang aber ließen sich plötzlich aus der sausenden Wolke weiße Lichtströme auf das Haus und seine Umgebung nieder, die sich siebenfach durchkreuzten und unter der Durchkreuzung in feinere Strahlen und feurige Tropfen sich auflösten. Der Punkt, wo die sieben Lichtströme sich durchschnitten, war mit Regenbogenlicht umgeben, in welchem eine leuchtende, schwebende Gestalt erschien, mit unter den Schultern ausgebreiteten Flügeln oder flügelähnlichen Strahlen. In diesem Augenblick war das ganze Haus und sein Umfang durch und durch mit Licht erfüllt. Die fünfarmige Lampe leuchtete nicht mehr. Die Versammelten waren entzückt, richteten unwillkürlich ihr Antlitz dürstend in die Höhe, und in den Mund eines jeden ergossen sich Lichtströme wie lodernde Flammenzungen. Es war, als atmeten, als tränken sie das Feuer dürstend in sich und als lodere ihre Begierde aus dem Munde diesen Flammen entgegen. Auch auf die Jünger und anwesenden Frauen im Vorgemach ergoß sich dieses heilige Feuer; und so löste sich die Glanzwolke wie in verschiedener Stärke und Färbung.

Nach dem Ergusse herrschte freudige Kühnheit in der Versammlung. Alle waren bewegt und mit Freude und Zuversicht berauscht. Sie traten um die Heiligste Jungfrau, die ich allein ganz ruhig und wie immer in stiller heiliger Fassung sah. Die Apostel umarmten sich untereinander und von freudiger Kühnheit zu reden durchdrungen, riefen sie sich zu: „ Wie waren wir, was ist aus uns geworden?“ Auch die heiligen Frauen umarmten sich. In allen war ein neues Leben voll Freude, Zuversicht und Kühnheit. Ihre Freudigkeit ging nun in Danksagung über, sie traten in die Betordnung zusammen, dankten und lobsangen Gott in großer Bewegung. Anne Katharina Emmerich

EIN LOBLIED
AUF DEN GÜTIGEN UND VERZEIHENDEN GOTT
PSALM 103

Lobe den Herrn meine Seele,
und alles in mir seinen heiligen Namen!
Lobe den Herrn, meine Seele,
und vergiß nicht, was er dir Gutes getan hat:
der dir all Deine Schuld vergibt
und all Deine Gebrechen heilt,
der dein Leben vor dem Untergang rettet
und dich mit Huld und Erbarmen krönt,
der dich dein Leben lang mit deinen Gaben sättigt;
wie dem Adler wird dir die Jugend erneuert.
Der Herr vollbringt Taten des Heiles,
Recht verschafft er allen Bedrängten.
Der Herr ist barmherzig und gnädig,
langmütig und reich an Güte.
Er wird nicht immer zürnen, nicht ewig im Groll verharren.
Er handelt an uns nicht nach unsern Sünden,
und vergilt uns nicht nach unserer Schuld.
Denn so hoch der Himmel über der Erde ist,
so hoch ist seine Huld über denen, die ihn fürchten.
So weit der Aufgang entfernt ist vom Untergang,
so weit entfernt er die Schuld von uns.
Wie ein Vater sich seiner Kinder erbarmt,
so erbarmt sich der Herr über alle, die ihn fürchten.
Die Huld des Herrn währt immer und ewig für alle,
die seinen Bund bewahren,
an seine Gebote denken und danach handeln.

Der Herr hat seinen Thron errichtet im Himmel,
seine königliche Macht beherrscht das All.
Lobt den Herrn, ihr seine Engel, ihr starken Helden,
die seine Befehle vollstrecken, seinen Worten gehorsam!
Lobt den Herrn, all seine Scharen,
seine Diener, die seinen Willen vollziehen!
Lobt den Herrn, all seine Werke,
an jedem Ort seiner Herrschaft!
Lobe den Herrn, meine Seele!

SEGEN AN EINEN MITMENSCHEN

Ich wünsche Dir den Frieden Christi und die Liebe Mariens.
Möge der Vater dich reichlich segnen.
Möge der Heilige Geist deinen Geist
mit der göttlichen Weisheit erleuchten,
dein Herz am Feuer der göttlichen Liebe entzünden
und alle deine körperlichen Leiden lindern.
Mögen die Engel Gottes dich Tag und Nacht begleiten.
Mögest du die Kraft erhalten,
gegen alles Böse um dich herum und in dir zu kämpfen,
die Fähigkeit und die Weisheit,
dich von jeder Verirrung und Verführung abzuwenden,
die Entschlossenheit, jeglichen Irrweg zu verlassen,
und den Mut, den Stolz zu brechen,
der dich daran hindert, das Gute zu tun.
Mögest du die Gnade bekommen,
von nun an die Sünde zu vermeiden
und deinen Lebensweg im Stand der Gnade fortzusetzen.
Möge das alles dir
durch die mächtige Vermittlung von Maria,
der Mutter von Jesus Christus
und Fürsprecherin für alle Seelen, geschenkt werden.
Amen Myriam van Nazareth

Maria, Königin des Friedens,
bitte für uns und die ganze Welt! (3x)

MARIA, HINEINGENOMMEN IN DIE ALLERHEILIGSTE DREIFALTIGKEIT

MARIANISCHER DREIFALTIGKEITSHYMNUS

Heil Dir, ewiger Herrscher, lebendiger Gott,
allzeit Gewesener, furchtbarer und gerechter Richter,
immer gütiger und barmherziger Vater!
Dir werde neu und allezeit
Anbetung, Lobpreis, Ehre und Herrlichkeit
durch Deine sonnengehüllte Tochter,
unsere wunderbare Mutter! Amen.
Du große Gnadenvermittlerin! Bitte für uns!

Heil Dir, geopferter Gottmensch, blutendes Lamm,
König des Friedens, Baum des Lebens,
Du unser Haupt,
Tor zum Herzen des Vaters,
ewig aus dem Lebenden Geborener,
in Ewigkeit mit dem Seienden herrschend!
Dir werde neu und allezeit
Macht und Herrlichkeit und Größe
und Anbetung und Sühne und Preis
durch Deine makellose Gebärerin,
unsere wunderbare Mutter! Amen.
Du getreue Gnadenvermittlerin! Bitte für uns!

Heil Dir, Geist des Ewigen,
allezeit Heiligkeit Strömender,
seit Ewigkeit wirkend in Gott!
Du Feuerflut vom Vater zum Sohn,
Du brausender Sturm,
der Du wehest Kraft und Licht und Glut
in die Glieder des mystischen Leibes,
Du ewiger Liebesbrand,
gestaltender Gottesgeist in den Lebenden.

Du roter Feuerstrom
vom Immerlebenden zu den Sterblichen!
Dir werde neu und allezeit
Macht und Herrlichkeit und Schönheit
durch Deine sternengekrönte Braut,
unsere wunderbare Mutter! Amen.
Du aller Gnadenvermittlerin! Bitte für uns!

Wir beten den glorreichen Rosenkranz
in den Anliegen der Muttergottes
und besonders zum Schutz der ungeborenen Kinder

DIE VERHEISSUNG DER GEBURT JESU

Der Name der Jungfrau war Maria. Der Engel trat bei ihr ein und sagte: Sei gegrüßt, Du Begnadete, der Herr ist mit Dir. ...
Fürchte Dich nicht, Maria; denn Du hast bei Gott Gnade gefunden. Du wirst ein Kind empfangen, einen Sohn wirst Du gebären: dem sollst Du den Namen Jesus geben. Er wird groß sein und Sohn des Höchsten genannt werden. Gott, der Herr, wird ihm den Thron seines Vaters David geben. Er wird über das Haus Jakob in Ewigkeit herrschen und seine Herrschaft wird kein Ende haben.
Der Heilige Geist wird über Dich kommen, und die Kraft des Höchsten wird Dich überschatten. Deshalb wird auch das Kind heilig und Sohn Gottes genannt werden.
Da sagte Maria: Ich bin die Magd des Herrn, mir geschehe, wie Du es gesagt hast. Luk 1,27,33,35,38

DIE FRAU UND DER DRACHE

Dann erschien ein großes Zeichen am Himmel: eine Frau, mit der Sonne bekleidet; der Mond war unter ihren Füßen und ein Kranz von zwölf Sternen auf ihrem Haupt. Sie war schwanger und schrie vor Schmerz in ihren Geburtswehen.

Ein anderes Zeichen erschien am Himmel: ein Drache, groß und feuerrot, mit sieben Köpfen und zehn Hörnern und mit sieben Diademen auf seinen Köpfen. Sein Schwanz fegte ein Drittel der Sterne vom Himmel und warf sie auf die Erde herab.
Der Drache stand vor der Frau, die gebären sollte; er wollte ihr Kind verschlingen, sobald es geboren war. Und sie gebar einen Sohn, der über alle Völker mit eisernem Zepter herrschen wird. Und ihr Kind wurde zu Gott und zu seinem Thron entrückt.
Aber der Frau wurden die beiden Flügel des großen Adlers gegeben, damit sie in die Wüste an ihren Ort fliegen konnte. Dort ist sie vor der Schlange sicher und wird eine Zeit und zwei Zeiten und eine halbe Zeit lang ernährt. Die Schlange spie einen Strom von Wasser aus ihrem Rachen hinter der Frau her, damit sie von den Fluten fortgerissen werde. Aber die Erde kam der Frau zu Hilfe; sie öffnete sich und verschlang den Strom, den der Drache aus seinem Rachen gespien hatte. Da geriet der Drache in Zorn über die Frau und er ging fort, um Krieg zu führen mit ihren übrigen Nachkommen, die den Geboten Gottes gehorchen, und an dem Zeugnis für Jesus festhalten.

Offb12,1-5,14-17

MARIA UND DIE PREDIGT DER APOSTEL

Alle wünschten, die göttliche Mutter möge ihnen einige Trostworte sagen. Ihre Demut und Ehrfurcht aber hinderte sie, Maria darum zu bitten. Da sie ihren Gehorsam gegen Petrus sahen, baten sie ihn um Vermittlung. Da er wusste, dass die Mutter der Weisheit alle Herzen durchschaute, sagte er nur: „O Herrin, höre auf die Bitten Deiner Diener und Kinder!“ Alsbald gehorchte sie und sprach: „Meine geliebten Brüder im Herrn, saget Dank dem allmächtigen Gott und lobet ihn von ganzem Herzen, weil er euch vor den übrigen Menschen auf den wahren Weg des Lebens geführt hat. Steht fest im Glauben! Gehorcht den Aposteln, und ihr werdet durch die Taufe mit dem Merkmal der Kinder Gottes bezeichnet werden. Ich biete mich euch als

Dienerin an, um euch in allem beizustehen. Ich werde meinen Sohn, den ewigen Gott, bitten, euch als Vater der Barmherzigkeit anzuschauen, euch dereinst in der wahren Glückseligkeit die Freude Seines Angesichtes schauen zu lassen und euch jetzt Seine Gnaden mitzuteilen.“ Maria von Agreda

IHRE SCHÖNHEIT WECKT DIE LIEBE DES KÖNIGS (1)

In Ihren total Geweihten erlangt Marias Titel „Königin des Himmels und der Erde“ die Fülle seiner Bedeutung. Marias Macht kommt auf eine besondere Weise in der Verfügung zum Ausdruck, die sie von Gott über Seelen bekommen hat. Sie hat das Vorrecht empfangen, bestimmte Seelen ausdrücklich zu Ihrem persönlichen Dienst zu berufen, im Rahmen Ihrer Rolle zur Verwirklichung von Gottes Heilsplan. Diese Seelen werden von Maria persönlich mit besonderen Gnaden und Gaben gerüstet, um als Instrument von Maria zu funktionieren, und werden von Ihr eingeladen, einen totalen und bedingungslosen Bund des Gehorsams und der Unterwerfung gegenüber Maria zu schließen. Sie werden von Maria auf eine besondere Weise geführt und geschützt, indem Maria sie nach Ihrem Gutdünken zu Ihrem Werkzeug und Ebenbild knetet. In diesen Seelen glänzt die Macht von Maria vor allem dadurch, dass sie diese so fest und so liebevoll an sich bindet, dass sie an nichts anderem mehr Gefallen haben, als an einem Leben als „Liebessklave“ Mariens (Als Sklave Ihrer Liebe). Myriam van Nazareth

STURMGEBET ZUR UNBEFLECKTEN EMPFÄNGNIS

Ich grüße Dich, Maria, Unbefleckte Königin des Himmels.
Ich grüße Dich, Maria,
höchst erhabener Stern des Paradieses.
Ich grüße Dich, Maria,
allerheiligste Seele aus Gottes Hand.

Maria, so sehr eins mit dem dreieinen Gott,
auf Dich ist all meine Hoffnung
für die Reinigung der Welt,
die Errettung und Bekehrung von Seelen
und der Gründung des Reiches Jesu Christi
auf Erden gegründet; denn jegliche Opfergabe
durch Deine unbefleckten Hände ist vollkommen.
Mögest Du jetzt im Namen aller Menschenseelen
der ganzen Welt vor dem Throne Gottes erscheinen
für die Opfergabe, die uns für immer erlösen soll.
O Maria, Unbefleckte Empfängnis,
mögest Du jetzt die Verdienste aller Heiligen aller Zeiten
an den Heiligen Geist herantragen
zur Heiligung aller Seelen, damit sein Reich komme.
Gegrüßet seist Du, Maria...
O Maria, Unbefleckte Empfängnis,
mögest Du jetzt Deine eigenen Gebete für die Welt
an den Heiligen Geist herantragen
zur Gutmachung aller Sünden aller Zeiten,
damit sein Reich komme.
Gegrüßet seist Du, Maria...
O Maria, Unbefleckte Empfängnis,
mögest Du jetzt alle Handlungen, Worte und Gedanken
von Haß und Unreinheit
an den Heiligen Geist herantragen
zur Ausgießung Seines Feuers der Liebe,
die alle Finsternis vertreibt, damit sein Reich komme.
Gegrüßet seist Du, Maria...
O Maria; Unbefleckte Empfängnis,
mögest Du jetzt alle Reue von Menschen
über ihre Sünden, Fehler, Mängel,
Unzulänglichkeiten und Schwachheiten
an den Heiligen Geist herantragen,
damit das Böse sich selbst total und endgültig
vernichten wird, damit sein Reich komme.
Gegrüßet seist Du, Maria...

Zur Ehre der Unbefleckten Empfängnis von Maria,
o Gott, läutere alle Herzen.
Zur Ehre der Unbefleckten Empfängnis von Maria,
o Gott, heilige alle Seelen.
Zur Ehre der Unbefleckten Empfängnis von Maria,
o Gott, laß jetzt die Welt neu geboren werden.
„O Mutter, ich gebe Dir alle meine Liebe im Tausch
für die Linderung des Leides meiner Mitmenschen.
Es ist ein dürftiges Opfer, doch es ist gleichzeitig
der Pfennig der armen Witwe;
denn mein Leben ist alles, was ich habe:
Meine Seele ist von allem entblößt,
denn ich habe mich total an Dich weggegeben.“ Amen

Myriam van Nazareth

Maria, Königin des Friedens,
bitte für uns und die ganze Welt! (3mal)

WEIHETAG

DAS HIMMLISCHE JERUSALEM

HYMNUS

Ich danke Dir, dass Du mir Licht ohne Abend geworden
und Sonne ohne Untergang,
der nichts hat, wo er sich verbirgt,
der Du das All mit Deiner Herrlichkeit erfüllst;
denn niemals hast Du Dich vor irgendjemand verborgen,
sondern nur wir verbergen uns immer vor Dir,
da wir zu Dir nicht kommen wollen;
denn wo auch solltest Du Dich verbergen,
der Du nirgends einen Ort Deiner Ruhe hast,
oder warum sollst Du Dich verbergen?
der keinen von allen verschmäht
und vor ihrer keinem sich scheut.
Jetzt also schlage Dein Zelt auf, o Herr,
und nimm Wohnung in mir
und bleibe ohne Unterbrechung, ohne Trennung
bis zum Ende in mir, Deinem Knecht,
o Guter, dass auch ich gefunden werde
in meinem Ausgang und nach meinem Ausgang in Dir,
o Guter, und König mit Dir sei, Gott über allem.

Bleibe Herr, und laß mich nicht allein,
dass wenn meine Feinde kommen,
die immer meine Seele zu verschlingen suchen,
und Dich finden, in mir bleibend,
gänzlich fliehen und mich nicht überwältigen,
da sie Dich sehen, den Gewaltigeren als alle,
drinnen thronend in dem Haus meiner niedrigen Seele.
Ja Herr, wie Du meiner gedachtest,
als ich mich in der Welt fand,
und, ohne dass ich es wusste, selber mich erwähltest,

und von der Welt mich sondertest
und mich vor das Antlitz Deiner Herrlichkeit stelltest,
so bewahre auch jetzt im Innern mich stehend für immer
und unbewegt in Deinem Wohnen in mir,
dass Dich fortwährend schauend ich Toter lebe,
und Dich habend ich Armer immer reich sei,
und reicher werde sein als alle Könige,
und Dich essend und trinkend
und in Dich allezeit mich kleidend ich sei
und werde sein schwelgend in unaussprechlichen Gütern.

Denn Du bist alles Gute und alle Herrlichkeit und Wonne,
und Dir gebührt die Herrlichkeit,
der heiligen und wesenseinen
und lebenschaffenden Dreiheit;
im Vater und Sohn und Heiligen Geist
verehrt und erkannt und angebetet
und ihr gedient von allen Gläubigen jetzt und immer
und in die Äonen der Äonen. Amen
Hymnus Simeons des Neuen Theologen

Wir beten den glorreichen Rosenkranz
in den Anliegen der Mutter Gottes
und zum Schutz der ungeborenen Kinder

Wir weihen uns Maria mit Erneuerung
des Taufversprechens und dem Segen eines Priesters

DAS NEUE JERUSALEM

Einen Tempel sah ich nicht in der Stadt. Denn der Herr, ihr Gott, der Herrscher über die ganze Schöpfung, ist ihr Tempel, er und das Lamm. Die Stadt braucht weder Sonne noch Mond, die ihr leuchten. Denn die Herrlichkeit Gottes erleuchtet sie und ihre Leuchte ist das Lamm. Die Völker werden in diesem Licht einhergehen und die Könige der Erde werden ihre Pracht in die Stadt bringen. Ihre Tore werden den ganzen Tag nicht geschlossen – Nacht wird es dort nicht mehr geben. Und man wird die Pracht und die Kostbarkeiten der Völker in die Stadt bringen. Aber nichts Unreines wird hineinkommen, Keiner, der Gräuel verübt und lügt. Nur die, die im Lebensbuch des Lammes eingetragen sind, werden eingelassen. Offb21,22-27

Und er zeigte mir einen Strom, das Wasser des Lebens, klar wie Kristall; er geht vom Thron Gottes und des Lammes aus. Zwischen der Straße der Stadt und dem Strom, hüben und drüben, stehen Bäume des Lebens. Zwölfmal tragen sie Früchte, jeden Monat einmal; und die Blätter der Bäume dienen zur Heilung der Völker. Es wird nichts mehr geben, was der Fluch Gottes trifft. Der Thron Gottes und des Lammes wird in der Stadt stehen und seine Knechte werden ihm dienen. Sie werden sein Angesicht schauen und sein Name ist auf ihre Stirn geschrieben. Es wird keine Nacht mehr geben und sie brauchen weder das Licht einer Lampe noch das Licht der Sonne. Denn der Herr, ihr Gott, wird über ihnen leuchten und sie werden herrschen in alle Ewigkeit. Offb 22,1-5

PSALM 150

DAS GROSSE HALLELUJA

Halleluja!
Lobt Gott in seinem Heiligtum,
lobt ihn in seiner mächtigen Feste!
Lobt ihn für seine großen Taten,
lobt ihn in seiner gewaltigen Größe!
Lobt ihn mit dem Schall der Hörner,
lobt ihn mit Harfe und Zither!
Lobt ihn mit Pauken und Tanz,
lobt ihn mit Flöten und Saitenspiel!
Lobt ihn mit hellen Zimbeln,
lobt ihn mit klingenden Zimbeln!
Alles was atmet, lobe den Herrn! Hallelluja!

Ich sah beim Empfang des heiligen Sakramentes einen Glanz in Maria eingehen, sie sank wie verzückt nieder und sprach nicht mehr.

Die Apostel begaben sich nun mit den heiligen Gefäßen in feierlicher Ordnung wieder zum Altar im Vorhaus zurück, wo sie den Gottesdienst fortsetzten. Jetzt empfing auch der heilige Philippus das Heiligste Sakrament. Später sah ich die Apostel und Jünger wieder um das Lager der Mutter Gottes betend stehen. Das Angesicht der Mutter Gottes war blühend und lächelnd wie in ihrer Jugend. Sie hatte die Augen mit heiliger Freude gegen Himmel gerichtet.

Da sah ich ein wunderbar rührendes Bild: Die Decke über der Schlafzelle war verschwunden, die Lampe hing in freier Luft, ich sah wie in den offenen Himmel in das himmlische Jerusalem hinein. Es senkten sich zwei Flächen von Glanz wie Lichtwolken herab, aus denen viele Angesichter von Engeln erschienen. Zwischen diesen Wolken ergoß sich eine Lichtbahn zu Maria nieder. Und Maria streckte die Arme in unendlicher Sehnsucht entgegen und ich sah ihren Leib in seiner ganzen Verhüllung so hoch über ihr Lager emporschweben, dass man darunter hinwegsehen konnte.

Ich sah aber ihre Seele wie eine unendlich reine Lichtgestalt mit emporgestreckten Armen aus ihrem Leib ausgehen und auf der Lichtbahn, die wie ein glänzender Berg himmelan stieg, hinaufschweben.

Die zwei Engelchöre in den Wolken schlossen sich unter ihrer Seele zusammen und trennten sie von dem heiligen Leib, der im Augenblick der Scheidung, die Arme über der Brust kreuzend, wieder auf das Lager sank. Ich sah aber die Seele der Mutter Gottes auf der leuchtenden Straße in das Himmlische Jerusalem hineingehen bis zum Thron der Allerheiligsten Dreifaltigkeit.

Ich sah der Seele der Mutter Gottes nun viele Seelen mit freudiger Ehrfurcht entgegenziehen und erkannte unter ihnen viele Patriarchen und Joachim und die Heilige Mutter Anna, den heiligen Joseph, Elisabeth und Zacharias und Johannes den Täufer.

Anna Katharina Emmerich

IHRE SCHÖNHEIT WECKT DIE LIEBE DES KÖNIGS (2)

Worin wird die absolute Macht von Maria ihre Krönung finden? Im Triumph Ihres unbefleckten Herzens. Marias Triumph ist der totale Sieg über Satan zur Gründung von Gottes Reich auf Erden. An diesem Triumph wird in dem Maße gebaut, in dem Menschen sich Maria total hinzugeben wissen. Marias Triumph beginnt im Herzen Ihrer Geweihten: Je größer unsere Bereitschaft ist, Marias Macht in unserem Leben zum Ausdruck kommen zu lassen, desto schneller wird sich Ihr Triumph über das Böse verwirklichen. Bedenken wir, daß der Triumph von Maria mit dem Triumph des Kreuzes und der Gründung von Gottes Reich der Liebe auf Erden zusammenfällt.

Myriam van Nazareth

BITTGEBET ZU MARIA UM EIN NEUES HERZ

Liebe Mutter Maria, Königin der Herzen,
in Deinem allerreinsten Herzen begrabe ich mein Herz,
damit es aus Dir wieder als ein Herz aufsteigen kann,
das meiner Seele Leben gibt.
O öffne doch Deine Hände,
die nie etwas anderes als Perlen der Liebe gegeben haben.

Gib mir ein Herz, das alle Sünde verabscheut
und das durch das Heilige Feuer getrieben wird,
Seelen der Finsternis zu entziehen
und sie für das Licht zu öffnen.

Gib mir ein Herz, das über die Folgen der Erbsünde
weinen kann, und das mit seinen Tränen
den Tau der Heiligung auf die Seelen herab ruft.

Gib mir ein Herz, das entflammt,
wenn Gottes Name gepriesen wird,
und das die Blume eines heiligen Frohsinns
als die Krone der Verherrlichung
zu deinen Füßen niederlegt.

Gib mir ein Herz,
in dem das göttliche Licht nicht mehr erlischt
und das fortdauernd lebt
durch, mit und in der unsichtbaren Wirklichkeit
der himmlischen Dinge um uns herum.

Gib mir ein Herz,
das für das Kreuz und für Deine Schmerzen brennt
und aus dem der Duft der Blüten Deiner Tugenden
sich wie ein Feuer der Erlösung für die Seelen verbreitet.

Gib mir ein Herz, das sich selbst
in Deiner allerheiligsten Liebesflamme verzehrt
und das Dein unbeflecktes Herz umarmt
wie ein Tempel von Feuer in einem ewig dauernden Kuß,
der selbst die Engel verzückt.

Gib mir ein Herz wie einen Himmlischen Garten,
in dem nur die Blumen Deiner allerreinsten Liebe blühen,
damit ich Gott selbst verzaubern möge,
so wie Du das mit mir zuvor getan hast.
Geruhe jetzt, in mir zu leben, o Mutter,
damit ich in Dir sterben kann. Amen

Myriam van Nazareth

Maria, Königin des Friedens,
bitte für uns und die ganze Welt! (3mal)

REGNUM CHRISTI
CHRISTUS KÖNIG-MARIA·KÖNIGIN
ES MUSS KOMMEN
DAS REICH MARIENS
DAMIT ZU UNS KOMME
DAS REICH JESU CHRISTI
HEILIGER LUDWIG MARIA
GRIGNION

ZEUGNISSE

Konstanz, den 25.05.2010

Hiermit möchte ich gerne ein Zeugnis über eine Heilung meinerseits abgeben, die ich erfahren habe, nachdem ich eine 33-tägige Marienweihe vollzogen habe.

Ich habe meine Marienweihe so vollzogen, dass sie zum Barmherzigkeitssonntag vollendet wurde.

Dies war nicht meine 1. Marienweihe, ich habe bisher 2x die Weihe unseres Dekanats mitgemacht, sowie 1x die Marienweihe nach dem goldenen Buch des Hl. Ludwig Maria Grignion v. Montfort.

Dankbar habe ich die Weihe, zusammengestellt von Elisabeth Weinmann angenommen, da es mir leider nicht immer möglich ist, die Weihe nach dem Goldenen Buche zu vollziehen.

Zu meiner Person, ich bin alleinerziehende Mutter zweier Kinder im Alter von 10 und 11 Jahren. Ich bin alkoholkrank und seit dem Jahre 2004 völlig trocken. Was mir aber geblieben ist, waren sehr starke Wutanfälle und Gefühlsausbrüche, die ganz aus dem Nichts kamen und ich nicht in der Lage war, sie in den Griff zu bekommen. Während dieser Anfälle war es mir nicht mehr möglich, mich zu beruhigen und ich drehte völlig durch.

Ich litt sehr unter diesen Impulsausbrüchen und bin auch sehr oft zur Beichte deswegen.

Natürlich litten vor allem meine Kinder darunter!

Als ich nach dem Barmherzigkeitssonntag zur Anbetung ging, und Jesus wie so oft mein Leid geklagt habe, hab ich vernommen, dass ich von nun an geheilt sei und zur Stärkung jeden morgen den heiligen Geist anrufen solle!

Ich war sehr ergriffen von diesem Erlebnis und habe dies auch unserem Pfarrer in der hl. Beichte mitgeteilt.

Seither bin ich beschwerdefrei und freue mich sehr über diese überaus starke Heilung, an die ich kaum mehr geglaubt habe.

Gott sei´s gedankt dafür!

Hochachtungsvoll B. D.

Ich war überrascht über die Größe, Schönheit und Fülle dieses Buches.
Der Titel „Weihe an die allerheiligste Dreifaltigkeit durch das unbefleckte Herz Mariens" hat mich sehr angesprochen und ich meine, dass die Weihe an die Heiligste Dreifaltigkeit wahrscheinlich das einzig Wahre ist.
Die Weihe an die Heiligste Dreifaltigkeit durch Maria. Das finde ich, ist das Schönste, was man tun kann...dies entspricht meinem tiefsten Inneren und trifft meiner Anschauung nach genau den Kern!
Dieses Weihebuch enthält so viele wunderschöne Gebete und Texte, direkt vom Himmel gegeben.
Ich persönlich habe den Eindruck, dass sie vom Heiligen Geist, vom Barmherzigen Jesus oder auch von Maria geführt sind und es waren, als sie dieses Buch zusammenstellten und – überhaupt den Gedanken für so ein Werk hatten. ... in mir entstand der Eindruck, dass sie dabei voll durch die Gnade von Jesus geführt wurden. Sonst ist man für so eine Aufgabe gar nicht befähigt.
Dieses Buch ist eine wunderbare Auswahl und Zusammenfassung von Bibeltexten und vieler schöner Botschaften des Himmels. ...die Berührung durch das Buch, so intensiv...durch ihr Buch habe ich eine große Bereicherung erfahren.
Wer sein Vertrauen auf Gott setzt, ist wie ein Baum, der am Wasser gepflanzt wurde. Auch wenn die Dürre kommt, bleibt er grün. M.S.

Ich hatte vor, auch im Jahr 2011 die Weihevorbereitung zum Fest der Unbefleckten Empfängnis wieder mit den schon im Vorjahr sehr gelungenen 33 Schritten – Mit Maria zu Jesus, verbreitet durch die Legio Mariae, zu machen.
...Nach kurzem Durchblättern entschied ich mich für dieses Buch, da ich gleich Texte meiner geliebten Myriam van Nazareth entdeckte.

Zum Beginn der Weihevorbereitung durfte ich 2 Wochen bei einer Familie verbringen, die in ihrem Haus eine immerwährende Anbetung betreuen und so durfte ich vor dem Allerheiligsten beten und betrachten. Die ersten Tage musste ich Widerstände gegen dieses Buch bekämpfen, es war einfach schwieriger als die „33 Schritte". Aber bald freute ich mich immer auf diese Zeit der Vorbereitung vor dem Herrn. Die Woche mit der Betrachtung des Leidens und des Sterbens ertrug ich wieder mit Widerständen. Dasselbe geschah, als ich die Aufforderung zum Fasten laß. In der Zeit meiner Bekehrung vor 15 Jahren gelang mir das Medjugorje-Fasten gut, doch seit langem ging gar nichts mehr, vor allem konnte ich nicht auf den Kaffee verzichten. Da sträubte sich zuerst alles in mir, doch dann überlegte ich, was mir an Fasten vielleicht doch möglich wäre und ich bat um diese Gnade. So verzichtete ich zuerst bis Mittag auf den Kaffee sowie ganz auf Schokolade (mein Laster). Da dies gut ging, aß ich zum Tee nur Brot. So ging das bis zum Weihetag und ich beschloß, bis Weihnachten weiter zu fasten. Oft ließ ich auch den Nachmittagskaffee ausfallen und der Hunger nach Süßem verschwand fast.
Als zweite Gnade erhielt ich die Furchtlosigkeit, in meiner Familie über Jesus, über die Kirche zu sprechen. Meine drei auswärtigen Kinder und Schwiegerkinder erhalten jetzt sonntäglich ein Mail über ein Wort Gottes mit persönlicher Stellungnahme. Diese Furchtlosigkeit zeigt sich auch stark beim Apostolat als Legionärin Mariens. (Ich war ziemlich furchtsam). Auch der Lobpreis wurde mir neu geschenkt und Freude und Vertrauen.
Preis dem Herrn für alles, was er schenkt, vor allem durch unsere liebe Mutter Maria. E.E.

WEIHETAGE

1. Januar Maria, Mutter des Herrn (28.Nov.)
2. Februar Lichtmeß (für geistliche Berufungen)
25. März Verkündigung des Herrn
1. Mai Patrona Bavariä
13. Mai U.L.Frau von Fatima
8. Juni Erscheinung der Madonna von Kassan
Fest des unbefleckten Herzens Mariens
(Samstag eine Woche nach Fronleichnam)
2. Juli Mariä Heimsuchung
16. Juli U.L.Frau vom Berge Karmel
15. August Mariä Himmelfahrt
22. August Maria Königin
8. September Mariä Geburt
15. September Mariä Schmerzen
7. Oktober Rosenkranzfest
21. November Mariä Tempelgang
8. Dezember Mariä unbefleckte Empfängnis

LITERATURVERZEICHNIS

Anna Katharina Emmerich	Das Marienleben	Marianischer Verlag Innsbruck
Birgitta von Schweden	Gottes Nordlicht	Christiana-Verlag
Raniero Cantalamessa	Komm, Schöpfer Geist	Herder-Verlag Freiburg
Daniel Biskup, Reinhard Kürzinger	Lourdes	Pattloch-Verlag
Sr.Faustyna	Tagebuch der Sr.Faustyna	Parvis-Verlag

Gertrud von Helfta	Gesandter der göttlichen Liebe	Christiana-Verlag
Hildegard von Bingen	Gebete Scivias	Herder-Verlag Pattloch-Verlag
Josefa Menendez	Die Liebe ruft	Werk der kleinen Seelen KSA
Sr.Lucia	Sr.Lucia spricht über Fatima	Secretariado dos Pastorinos/Fatima
Maria von Agreda	Leben der jungfräulichen Gottesmutter Maria	Miriam-Verlag Jestetten
Maria Valtorta	Der Gottmensch	Parvis-Verlag CH-1648 Hauteville
Maureen Sweeny-Kyle	„Werk der Heiligen Liebe"	Rosenkranz für die Ungeborenen Postfach 1123 D-55431 Saarburg
Myriam van Nazareth	Myriam Apostolat	Postfach 353 CH-8355 Aadorf